상승하는 부동산의 조건

상승하는 부동산의 조건

한국부동산자산관리연구원 지음

한국경제신문

부동산시장이 하락해도
상승하는 곳은 반드시 있다

부동산시장의 전망과 예측은 경제 전망과 마찬가지로 잘 맞지 않는다. 변수도 많고 경제 상황 또한 빠르게 변하기 때문이다. 일반 경제 전망과는 다르게 사실 부동산시장에 대한 예측은 부담이 크지 않다. 예측이 중장기적으로 이루어지기 때문이다. 한 달 후의 부동산시장이 어떻게 될 것인지를 물어보는 사람은 많지 않다. 빨라도 반년, 길면 몇 년 후의 상황을 물어보니 예측하는 사람들도 부담이 없다. 틀려도 몇 개월만 지나면 잊어버리기 때문이다.

하지만 돈과 직접 관련되기에 예측이 맞느냐 틀리느냐를 논외로 하더라도 매달리게 될 수밖에 없다. 중요하고 또 신경이 쓰일 수밖에 없다. 그래서 이 책의 모든 예측은 데이터를 기반으로 하려고 했다. 근거 없이 예측하기 보다는 대부분의 내용에 데이터의

출처를 표시하려고 노력했다. 기존의 전망서들이 전문가의 의견을 편집하는 수준이었다면 이 책은 데이터를 기본으로 의사결정을 돕고자 했다. 특히 부록에 원 데이터(raw data)를 실어 필요하면 독자 스스로 부동산시장을 예측할 수 있도록 노력했다. 부동산114의 데이터를 많이 활용했는데 이 데이터는 REPS라는 유료 통계분석솔루션에서 얻어 별도로 표기하지 않았다.

과거에는 잘 보지 않던 변수들을 통해 예측하려고 했으며 대표적인 지표로는 KB선도아파트50지수, 부동산소비심리지수 등이 있다. 이 지표들이 언제까지 부동산시장을 설명해줄지는 모르겠지만 현재까지는 탁월한 예측력을 보여주고 있다.

예측의 성공 여부와는 별개로 의미 있는 전망서로 만들기 위해 노력했다. 한국부동산자산관리연구원은 현재의 부동산시장이 선진국형 저성장 상태로 진입했다고 판단한다. 부동산시장이 폭락할 것인지 상승할 것인지와 같은 논란은 어쩌면 의미가 없다. 오히려 현재 시장에서 어떻게 행동하는 것이 좋은지를 아는 것이 중요하다. 저성장 시장에서 성공하기 위해서는 타이밍보다는 상품의 경쟁력에 집중하는 것이 좋다. 좋은 상품과 지역을 발굴하고 의미 있는 분석이 되도록 노력했다.

주식시장의 현인들도 시장을 이기지 말라는 이야기를 한다. 이 격언은 '시장 예측에 빠지지 말라'는 말과도 일맥상통한다. 시장을 예측하되 이를 참고자료로만 활용하라는 것이다. 시장 예측에 빠져 투자 시점과 상품을 모두 놓치는 우를 범하지 말라는 의미일 것이다. 데이터를 기본으로 장기간 수행해온 시장전망은 분명히 의미가 있다. 하지만 예측과 분석에만 집중해서는 투자에서 실속이 없어질 수도 있다. 이 시장 전망서가 부동산시장을 바라보는 시각을 넓혀주는데 기여한다면 더 바랄 것이 없다.

한국부동산자산관리연구원

3장

어디가 오르나

4장
랭킹으로 본 부동산시장

1장

2017 부동산을 말하다

2017 부동산,
꺾일 틈 없다

01

신규 분양시장에서 시작된 부동산시장의 열풍이 서울 강남 재건축으로 옮겨가다 이제는 전국적으로 확산될 조심을 보인다. 연말 대형 악재가 터졌지만, 투자자들은 새로운 전략을 모색할 것이다. 과거와는 다르게 수도권과 지방 모두 가격이 상승하고 있다. 물론 특정 지역이다. 수도권은 서울 강남 재건축이 핵심이며, 지방도 부산, 세종, 제주 등 몇 개 지역에 국한된 모습이다. '차별화'라는 단어가 최근 부동산시장을 해석하는 가장 적절한 표현일 것이다. 모든 지역이 오르는 것도 아니고 수도권만 활황인 것도 아니다.

부동산시장은 크게는 2010년 이전과 이후로 나눌 수 있다. 이렇게 나누게 된 가장 큰 변수는 금융위기다. 2010년 이전 가장 호황이었던 2006년과 2010년 이후 가장 활황인 현재 시기를 비교하면 많은 시사점을 얻을 수 있다. 2010년 이후 부동산시장을 특징짓는 단어는 '저성장'이다. 매매가격 상승률을 확인하면 무슨 의미인지 알 수 있다. 2010년 이전 아파트 매매가격 상승률이 가장 높았던 시기는 2006년이다. 부동산114의 자료에 의하면 당시 상승률은 26%에 이르렀다. 2016년 10월 현재 매매가격 상승률은 3%대에 그친다.

언론과 방송의 온갖 호들갑을 생각하면 2016년 부동산시장은 사실 조용하기 이를 데 없다. 저성장과 차별화는 함께 간다. 평균적으로 많이 오르지 않으나 투자가치가 있는 곳은 평균을 넘어서는 상승률을 보일 것이다. 투자를 언제 하냐가 아니라 무엇에 하느냐가 중요해질 것이다.

저금리와 유동성 확대 또한 무시할 수 없는 변수다. 현재 부동산시장은 재건축 테마의 유동성 장세라고 표현한다. 실물 경제가 그리 좋지 않음에도 불구하고 특정 지역의 부동산시장이 호황을 보이는 이유는 금리가 낮고 시중에 돈이 많이 풀려 있기 때문이다. 유동성 장세에는 유통량이 풍부하거나 가격이 낮은 주식에 돈이 몰린다. 이를 아파트 시장에 적용하면 소형과 저평가된(미래가

부동산 대세상승기 비교

연도별	2006년	2015년
시장 상황	분양 물량증가, 재건축 아파트 가격 급등	
매매가격 상승률	25.98%	5.99% (2.83%, 16년 상반기)
전세가격 상승률	9.88%	13.12%
전세가율	41.8%	73.3%
3.3㎡ 매매가격	서울 1,721만 원 (부산 462만 원)	서울 1,758만 원 (부산 836만 원)
월세 거래 비중	33%(2011년)	46%(16년 상반기)
주택담보대출금리	5~7%	2~4%
M2(광의의 통화량)	1,024조 원	2,247조 원

* 출처 : 국토부, 한국은행, 부동산114

치는 있으나 가격이 낮게 형성된) 아파트가 될 것이다.

월세 전환이 급격히 늘어나는 현상 또한 간과할 수 없다. 전세가율이 올라가면 갭 투자가 성행하나 이는 근시안적인 투자방법이다. 시세 차익보다는 월세에 초점을 맞춘 부동산 상품을 선택해야 한다. 월세가 잘 나오는 부동산은 자본수익률(시세 차익)도 좋다. 서울에서 월세 거래의 비중이 높은 지역 1, 2위는 종로구와 중구다. 도심의 소형 아파트는 여전히 모두가 선망하는 대상이다.

분양시장의 청약경쟁률과 강남 재건축이 과열양상을 보이지만 2017년 부동산시장은 지금과 같은 추세가 계속될 것으로 보인다.

현재의 부동산시장을 이끄는 요인인 저금리(유동성)와 재건축 이슈는 계속될 것이기 때문이다. 미국의 금리인상이 단행되더라도 우리는 시차를 두고 따라갈 것으로 보인다. 금리인상과 유동성이 같은 방향으로 움직인다는 보장도 없다. 금리를 올리더라도 시중의 자금이 급격히 흡수되지는 않을 수도 있다.

재건축 이슈 또한 상수로 남을 것이다. '2015 인구주택총조사'에 의하면 20년 이상 30년 미만의 아파트가 전체 아파트에서 차지하는 비중이 28.2%에 이른다. 오래된 아파트들은 순차적으로 재건축의 대열에 동참할 것이다. 아파트 리모델링 사업이 주를 이루던 수도권 1기 신도시에서도 재건축을 추진하는 단지들이 생겨나고 있다. 재건축 연한이 30년으로 단축된 점이 작용한 것으로 분당의 파크타운은 재건축 추진위원회 구성을 준비 중이다.

정부의 부동산 규제는 불안하나 전신 마취보다는 부분 마취에 그칠 가능성이 높다. 시술 방법은 맞춤형 규제인데 11·3 대책처럼 특정 지역에 청약이나 분양권 거래를 제한하는 조치가 취해질 가능성이 높다. 투기과열지구의 지정은 부작용이 많아 최후의 수단으로 검토할 것으로 보인다. 하지만 이러한 정부의 대책은 분양시장과 재건축시장을 모두 잡을 수 있는 묘책이 되기는 어려울 것이다.

11·3 대책에서 지정된 조정 대상지역의 청약시장이 주춤하면

버블세븐 아파트 매매가 변화 (단위 : 3.3m²당 가격/만 원)

지역별	서초	강남	송파	양천	분당	평촌	용인
전 고점	2,883	3,550	2,596	2,225	2,075	1,570	1,242
현재	3,217	3,505	2,431	1,983	1,590	1,401	999

* 출처 : 부동산114

다른 지역으로의 풍선효과를 우려해야 하나, 지금은 과거의 버블세븐과 같은 상황은 발생하지 않을 것으로 보인다. 저금리와 고령화로 인해 도심의 부동산 상품을 선호하면서 기존 신도시들의 매력은 떨어질 수밖에 없다. 과거 버블세븐 지역 중 2016년 10월 현재 아파트 평균 매매가를 기준으로 전 고점을 돌파한 곳은 서초구 한곳뿐이다. 도심 외곽에 지어진 20년이 지난 신도시 아파트를 선호할 가능성은 크지 않다. 지역적 풍선효과는 크게 기대하지 않는 게 좋다.

풍선효과는 오히려 분양시장에서 기존 아파트로 옮겨질 가능성이 높다. 분양권 거래 제한과 대출 규제가 이런 현상을 부채질할 것이다. 활황이다 못해 뜨겁기까지 한 분양시장은 숨고르기에 들어가면서 기존 아파트로 온기가 스며들 듯하다. 기존 아파트 중에서도 입주 후 1~5년이 경과한 아파트 단지에 대한 수요가 증가할 것이다.

요약하자면 2017년 부동산시장은 저금리(유동성)와 재건축시장의 활황에 따라 2016년의 상황이 이어질 것으로 예상된다. 정치적 사건으로 2017년 초 조정을 받겠지만 일시적일 가능성이 크다. 정부의 부동산 규제가 단행되더라도 분양시장이 영향을 받을 수는 있으나 그 불길은 자연스럽게 기존 아파트 시장으로 확산될 것이다.

저금리, 고령화로 관심을 받고 있는 상가시장은 '부정청탁 및 금품 등 수수의 금지에 관한 법률(김영란법)' 시행으로 직격탄을 맞을 것으로 보인다. 가족 단위로 찾아오는 식당은 큰 문제가 없겠지만 비즈니스를 위한 만남으로 방문하는 식당들은 타격이 예상된다. 벌써 시장에는 상가 매물이 적지 않다.

국내외 정치 상황이 걱정되지만, 국내 경기 침체가 더 큰 걱정거리다. 구조조정이 강하게 계속되고 있지만 과거와 달리 창업 수요는 많지 않다. 고령화가 더 큰 영향을 미쳐 소비를 축소하는 은퇴(예정)자들이 늘어나는 상황이다. 이 또한 상가시장에는 부정적인 영향을 미칠 것이다. 그나마 단지 내 상가가 선전하고 있지만 수익률은 계속 떨어지고 있다. 재건축·재개발로 인해 단지 내 상가의 분양가가 높아지는 점 또한 이를 부채질한다. 투자 대안이 없으니 관심은 높아지겠지만 입주 후가 걱정이다.

오피스텔시장은 공급이 많고 이 공급이 특정 지역에 집중되고 있다. 입주 시점에 어려움을 겪으면서 수익률이 낮아졌지만 대안이 없으니 투자 수요는 적지 않다. 그나마 방이 한두 개 있는 아파텔이나 주상복합단지의 오피스텔을 고르는 것이 안전할 것 같다.

부동산시장의 정책이 주택시장에 집중되다 보니 월세를 받을 수 있는 수익형 부동산이 풍선효과로 인한 주목을 받을 수 있다. 하지만 은퇴(예정) 계층은 본인의 자산 포트폴리오를 정확히 확인하고 투자해야 할 것이다.

고가와 저가 부동산의
가격 차이가 줄어든다

02

상품의 가격을 예측하기 위해서는 수요와 공급의 변화를 살펴야 한다. 하지만 부동산 상품의 경우에는 수요와 공급의 변화와 함께 거래량 또한 살펴야 한다. 수요와 공급의 변화가 가격에 직접 영향을 미치는 정도가 미약하니, 가격에 가장 큰 영향을 미치는 거래량이 어느 정도인지를 알아봐야 한다. 과거에는 대략 6개월 정도 아파트 거래량이 계속 늘어나면 아파트 가격이 오를 것으로 예상했다. 정보의 비대칭성이 크고 생산과 공급 간에 발생하는 시차가 존재하는 부동산시장의 경우 일반적인 경제 논리가 적용되지

분기별 아파트 매매 거래량 및 매매가격 상승률

구분	2015년		
매매 거래량	1분기	2분기	3분기
	19만 4,615세대	23만 46세대	19만 2,970세대
매매가격 상승률	1.47%	1.79%	1.68%
구분	2016년		
	1분기	2분기	3분기
매매 거래량	12만 7,099세대 (-34.7%)	17만 505세대 (-25.9%)	18만 9,967세대 (-1.6%)
매매가격 상승률	0.22%	0.97%	1.82%

* 출처 : 국토부, 부동산114

않아 수급이 시장에 미치는 영향이 크지 않다 보니 거래량을 가지고 아파트시장을 예측했던 과거의 방식이다.

2016년에는 전국의 아파트 거래량이 급격히 감소하기 시작한다. 2016년 1분기에는 전년 같은 기간과 비교해서 34.7%, 그리고 2016년 3분기에는 1.6%가 줄었다. 하지만 아파트 매매가격은 3분기에 1.82% 상승하여 1분기 상승률인 0.22%를 압도했다. 아파트 거래량은 지속적으로 감소했지만 아파트 매매가격은 오히려 회복세를 보이고 있다. 과거와 같이 거래량을 가지고 부동산시장을 예측하는 것이 위험할 수 있다는 증거다.

이러한 현상이 벌어지는 가장 큰 이유는 합리적인 소비자로 변한 주택수요자를 들 수 있다. 저렴한 가격, 저평가된 단지를 찾아

다니는 소비자는 거래량이 늘어도 가격 상승을 기대하면서 과다하게 오른 호가를 수용하지 않는다. 기존의 가격대에서 크게 벗어나지 않는 가격에서만 거래가 이루어지고 평균보다 크게 벗어나는 가격에는 움직이지 않는다. 평균과 중위가격 중심의 거래 비중이 증가하고 있다는 말이다.

고가 아파트는 싸지고 저가 아파트는 비싸지면서 주택시장이 평준화된 영향도 작용했다. KB국민은행에서 조사하는 전국 아파트의 2016년 10월 '평균매매가격(3억 1,468만 원)'과 '중위가격(3억 9만 원)'의 격차가 1,459만 원으로 1,000만 원 대를 유지하고 있다. 2008년 12월 2억 5,061만 원과 2억 2,589만 원으로 그 격차가 2,472만 원이었던 걸 고려하면 크게 줄어들었다. 전국 아파트 '평균매매가격(2억 8,053만 원)'과 '중위가격(2억 7,122만 원)'의 격차 역시 2015년 7월 931만 원으로 국민은행이 조사를 시작한 2008년 12월 이후 처음으로 1,000만 원 밑으로 떨어졌다.

아파트 평균매매가격은 전국 아파트 가격을 모두 더해 가구당 숫자로 나눈 것으로, 고가주택이 많을수록 높아진다. 중위가격은 전체 주택을 순서대로 나열했을 때 가장 중간에 위치하는 중간값이다. 평균매매가격과 중위가격의 격차가 줄어들고 있다는 것은 주택가격이 중간값으로 수렴하고 있다는 의미로, 고가주택은 싸지고 저가주택은 비싸지면서 아파트 가격의 평준화 경향이 강해

진다는 말이다. 아마 가격 상승의 기대감이 줄어든 최근 아파트 투자자의 성향이 반영된 듯하다.

다주택자의 매입이 늘어나는 현상도 생각해야 하며, 주택 수의 증가 또한 염두에 둬야 한다. 주택매입의 단위인 가구 수도 증가하지만, 최근 공급물량이 늘어나면서 주택 수의 증가가 더욱 두드러진다. 주택 수가 많이 늘어났으니 거기에 맞춰 주택거래량이 더 늘어나는 것은 당연하다. 실제로 재고 대비 거래량 추이를 보면 2012년 이후 지속적으로 거래 비중이 증가하고는 있으나 과거와 비교하면 크게 높은 수준은 아님을 알 수 있다. 따라서 지금까지 아파트 거래량 증가는 표본이 늘어난데 따른 당연한 현상일 수 있다. 이러한 당연한 기저현상을 설명하지 않고 단순히 아파트 거래량의 변화만을 가지고 부동산시장을 해석하면 시장을 오판하게 된다.

그렇다고 주택거래량이 의미가 없다는 것은 아니다. 과거 거래량은 주택가격의 선행지표였다. 하지만 이제는 동행지표에 가깝다. 사실 모든 지표가 동행지표화되는 점은 최근 자산시장의 중요한 변화다. 주식시장은 부동산시장에 선행했다. 하지만 지금은 동행의 성향이 더 짙다. 아마 데이터 홍수 시대에 모든 정보를 실시간으로 파악하는 똑똑한 소비자 때문에 발생하는 현상으로 보인다.

거래량이 줄지만 가격이 오른다면 크게 걱정할 필요는 없다. 거
래량이 줄면서 가격 또한 하락한다면 시장이 심각해지고 있다는
시그널일 것이다.

블루칩 아파트는
흔들리지 않는다

03

블루칩 아파트. 입과 귀에 착 달라붙는 참 듣기 좋은 말이다. 주식 시장에서 흔히 쓰는 용어인 블루칩을 부동산시장에서도 쓴다. 보통 부동산시장에서는 '랜드마크(landmark)'라는 단어를 쓰지만 블루칩이란 용어도 사용한다.

지역의 이미지를 대표하는 특이성 있는 시설이나 건물을 랜드마크라고 한다. 일반적으로는 개념적이고 역사적인 의미를 갖는 공간을 이야기하기도 하지만, 부동산시장에서는 물리적이며 가시적인 특징의 시설물을 이른다. 서울 강남의 타워팰리스가 랜드마크 아파트의 시초가 아닌가 싶다. 랜드마크, 즉 블루칩 아파트는 대단지, 첨단, 고가, 최초 등의 이미지를 내포한다.

주식시장의 블루칩 종목처럼 부동산시장의 블루칩 아파트는 지역을 대표하면서 외부 환경의 변화에 큰 영향을 받지 않는다. 부동산시장이 호황기일 때는 다른 아파트보다 빨리, 많이 오르고, 부동산시장이 불황기로 접어들어도 늦게 하락하며, 하락폭 또한 낮다. 금융위기가 주기적으로 반복되면서 그동안 소홀히 대접받던 블루칩 아파트가 주목받고 있다. 대표적인 안전자산이기 때문이다. 강남 재건축에 투자하려는 고액자산가의 심리 저변에도 이런 안전자산에 대한 인식이 한몫했으리라 생각된다.

최근 블루칩 아파트가 부동산시장을 해석하는 중요한 지표로 주목받고 있다. 블루칩 아파트와 유사한 개념의 지표가 있다. 'KB 선도아파트50지수(KB leading apartment index 50)'가 그것인데 이는 매년 12월 기준 시가총액 상위 50개 단지의 아파트를 선정하여 시가총액 변동률을 지수화한 것이다. 즉, 전국에서 가장 비싼 아파트 50개의 가격변동을 나타내는 지표다.

블루칩 아파트가 가진 가장 중요한 특성 중 하나는 부동산시장의 호황기 때 가장 먼저 가격이 오른다는 점이다. 최근 아파트 시장이 살아나기 시작한 2014년 서울의 아파트 매매가격은 1.1% 상승에 그친데 반해, 선도아파트는 5.1%나 상승하여 곧이어 시작될

2014년 아파트 매매가격 상승률

구분	전국	서울	강북 14개구	강남 11개구	선도 APT 50
상승률	2.43%	1.09%	0.88%	1.27%	5.10%

* 출처 : KB국민은행

Raw Data 국민은행 홈페이지 〉 KB부동산 〉 통계 〉 [월간] KB주택가격동향 〉 최근자료 클릭 〉 (월간)KB주택가격동향_통계표(2016.10) 다운 〉 지역비교

부동산시장의 호황을 예견하는 듯했다.

실제로 KB선도아파트50지수의 추이를 살펴보면 재미있는 점을 발견하게 된다. 다음 그래프를 보자. 지수를 설명하기 쉽게 그래프로 그린 것이다. 지난 5년 동안에 여러분이 부동산시장에 투자하려고 마음먹었다면 언제 투자하는 것이 가장 좋았겠는가? 연도뿐만 아니라 몇 월에 투자해야 하는지도 정확히 조언할 수 있다. 2013년 8월이다. 지나고 나서 하는 이야기고 실제로는 바닥이 확인된 2014년 초반이 가장 합리적이지 않았을까 싶다.

선도아파트지수가 가장 최고점을 기록했을 때는 2010년 2월 (106.8)이다. 아니 2008년 금융위기가 왔는데 시점이 이상하다고 생각하지 마라. 블루칩은 위기가 와도 버틴다. 2013년 8월이 가장 최저점(87.8)이다. 이때 투자하면 좋지만 신이 아닌 다음에야 향후 상황을 알기가 쉽지 않았을 것이다. 지금 우리는 2016년 하반기까지의 지수를 모두 보고 있으니 쉽게 이야기하지만 87.8까지 떨

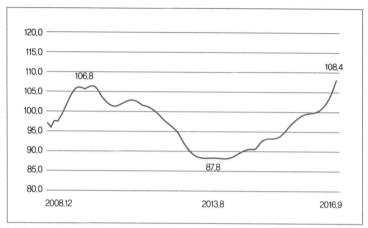

* 출처 : KB국민은행

어진 경우 투자자는 일반적으로 공포를 경험하게 된다. 지수 추이를 최소 6개월은 지켜봐야 했을 것이다. 그렇더라도 이후 지수의 안정적인 상승세를 보았을 것이다. 2014년 초에 투자했어도 투자수익률을 확보하는 데는 큰 문제가 없었을 것이다. 선도아파트지수가 가진 힘이다. KB국민은행의 아파트 매매가격 지수는 그냥 우상향하는 그래프가 도출될 뿐이다. 언제 투자할지를 알려주지는 않는다.

그림 지금의 상황은 어떤가. 여전히 시장이 좋음을 알려준다. 2016년 들어서도 지수는 변함없는 상승을 보여준다. 심지어 2016년 10월 현재 111.0의 지수는 이를 집계한 이후 가장 높다. 소수의 전문가들이 지금의 상황을 대세상승기로 평가하는데 한국부동산자산관리연구원 또한 이에 동의한다. 부동산 규제와 외부 변수의 영향으로 부동산시장이 조정받는 지금과 같은 상황이 오랜 기간 지속되지는 않을 것이다.

　최근 거래량과 아파트 가격과의 상관관계가 약해지면서 거래량을 대체할 수 있는 새로운 지표에 대한 요구가 많다. 과거에는 6개월 이상의 거래량 증가를 아파트 가격 상승의 징후(sign)로 파악했으나, 이제는 많은 전문가들이 이를 의문시한다. 새로운 지표로 KB선도아파트50지수를 살필 필요가 있다. 여러 문제점이 있고 아직 신뢰할 만한 경험칙을 제공해주지는 않지만 향후의 아파트 가격 상승의 전조를 파악하는 귀중한 지표 중 하나로 받아들여야 할 것이다. 이 지수에도 단점은 있다. 'KB선도아파트50지수'에 포함된 아파트 대부분이 서울에 존재한다. 지역적 편중이 이 지수가 가진 가장 큰 문제다. 수도권이 아닌 지방에서 시작되는 가격 상승의 흐름을 초반에 잡아내기 어려울 수도 있다.

오른다고 생각하면
오른다

04

부동산이 왜 오를까? 아주 간단한 질문이지만 부동산시장의 정수가 담겨 있다. 정답은 의외로 간단하다. 많은 사람들이 오른다고 생각하면 부동산시장은 오른다. 부동산시장이 단기적으로 움직이는 것은 다분히 심리적인 이유가 크게 작용한다. 단기적으로 매수자와 매도자 간의 심리 게임 결과 가격이 어느 한 방향으로 움직이는 것이다. 가격이 내재가치를 넘어 폭락하거나 폭등하는 경우 심리적인 요인이 그 이면에 깔려 있다고 보면 된다.

부동산시장의 투자심리를 알기 위해서는 되도록 많은 사람들

지역별 부동산시장 소비심리지수

지역	2015년				2016년									
	9월	10월	11월	12월	1월	2월	3월	4월	5월	6월	7월	8월	9월	10월
전국	126.4	129.8	121.6	107.9	112.3	114.3	114.7	116.6	116.6	116.1	119.1	121.9	122.1	123.2
서울	131.5	138.1	128.5	110.7	117.6	120.1	119.2	123.9	126.4	126.6	128.8	130.5	127.4	128.7
부산	127.9	134.7	127.2	112.7	116.7	119.5	121.4	125.1	123.1	122.0	126.5	129.0	131.4	135.9
경북	118.9	117.8	112.4	99.1	96.0	96.7	98.7	98.4	96.5	96.9	97.7	100.2	100.0	96.4

* 출처 : 국토연구원

───────

Raw Data 국토연구원 홈페이지〉이슈&뉴스〉부동사시장소비심리

을 만나보는 것이 바람직하다. 하지만 무작정 많은 사람을 만나보
는 것이 그리 좋은 방법은 아니며, 몇 명을, 누구를 만나야 하는지
등 명확하게 정의하는 일 또한 쉽지 않다. 따라서 현재 정부에서
발표하는 다양한 경제심리지표를 살펴보는 것이 좋은 대안이다.

　부동산 관련 경제심리지표는 한국은행에서 발표하는 '주택가
격전망CSI', 국토연구원의 '부동산시장 소비심리지수'가 있다.★
지역별로도 집계하여 발표하는 국토연구원의 '부동산시장 소비
심리지수'를 살펴보면 2016년 10월 현재 123.2(전월 대비 1.1p 상승)
을 기록 중이다. 참고로 이러한 심리지표는 0~200의 값으로 표현
되며, 100이 넘으면 지금의 경기 수준을 긍정적으로 판단하고 있

───────

★ 한국건설산업연구원의 건설기업경기실사지수(CBSI)와 주택산업연구원의 주택경기실사지수
　(HBSI)도 있으나 이는 공급 측면에만 초점이 맞춰진 심리지표여서 제외함.

다는 말이다. 115를 넘으면 강보합 단계를 지나 상승의 1단계 국면으로 판단한다.

그동안 강한 상승세를 보이던 소비심리지수가 2015년 12월 조정국면에 들어갔으나 2016년 들어 다시 회복되어, 강보합에서 상승국면으로 진입했다. 주택시장 소비심리지수는 125.2, 주택매매시장 소비심리지수는 134.1을 기록하여 전체 부동산시장 소비심리지수보다 조금 더 강한 상승국면을 보여주고 있다. 지역별로는 가장 강한 상승국면을 보여주는 곳은 부산(135.9), 강원(131.4)이며 경북(96.4)은 부동산 소비심리가 좋지 않다. 실제로 강원은 평창 동계올림픽 개최와 교통 여건의 개선으로 부동산시장이 강세를 보이는 곳이며, 경북은 그동안의 강한 상승세로 인한 피로감이 본격화되는 중이다.

저금리와 유동성이
부동산가격을 밀어올린다

05

부동산시장을 움직이는 변수는 내부변수와 외부변수로 구분할 수 있다. 레버리지(대출)를 활용한 부동산 투자가 늘어나면서 외부변수의 중요성이 갈수록 커지는데 대표적인 외부변수로는 통화량과 금리를 들 수 있다. 과거에는 부동산을 취득할 때 금융상품을 이용하는 빈도나 비중이 떨어져 금융 부분과의 관련성이 크지 않았으나 최근 부동산 매수자들은 대출과 같은 레버리지를 활용하는 경우가 많다. 자연스럽게 부동산과 금융시장 간의 관계가 깊어지면서 경제를 움직이는 통화량과 금리 등의 변수에 예민하게 반응하게 된다.

부동산시장은 실수요로만 움직이지 않는다. 투자수요가 어느 정도 뒷받침되어야 시장을 견인할 수 있는데 투자수요는 실수요에 비해 금융 부문과의 결합도가 더욱 높다. 대출을 많이 활용한다는 말이다. 브렉시트(Brexit) 논란이 가중되면서 가장 영향을 받을 부동산 상품으로 재건축, 상가 등이 언급되었는데 이 또한 대출비중이 높은 상품이기 때문이다. 금융시장의 불안으로 인해 금리 등이 올라가면 투자형 부동산은 직접적인 타격을 받게 된다.

부동산시장을 예측할 때 금리도 중요하지만 더욱 중요하게 파악해야 하는 부분은 시중 유동성이다. 유동성이 얼마나 풀렸는지를 알 수 있다면 부동산시장이 어떻게 움직일지를 예측할 수 있다. 광의의 통화량(M2)이 이를 판단하는 기준이 된다. 협의의 통화(M1)은 지급결제수단으로서의 기능을 중시한 지표인데 민간이 가지고 있는 현금과 결제성 예금 등이며, 광의의 통화는 넓은 의미의 통화지표로 예금취급기관의 여러 단기 저축성 예금과 실적 배당형 금융상품 등 2년 이하의 만기상품을 말한다. 연구에 의하면 광의통화(M2) 공급량이 증가하는 것은 잠재적인 주택가격 상승을 증폭시키는 효과가 있는 것으로 나타났다.★ 또한, 광의통화량 증가율과 주택가격지수는 상당한 상관관계를 가진다.

현재 2016년 5월 현재 광의통화는 2,377조 원이다. 전년 동기 대비 7.2% 상승했다. 2014년에도 전년과 비교해 6.6%, 2015년에

광의의 통화 지표 추이

구분	2014년	2015년	2016년			
			5월	6월	7월	8월
M2 (광의통화)	2,009조 6,000억 원	2,182조 9,000억 원	2,318조 5,000억 원	2,332조 4,000억 원	2,348조 3,000억 원	2,377조 원
	(6.6)	(8.6)	(0.7)[6.7]	(0.6)[7.1]	(0.7)[6.9]	(1.2)[7.2]

* 출처 : 한국은행(2016년 8월)
** ( )내는 계절조정계열 전기 대비 증감률(%),
***[ ]내는 원계열 전년 동기 대비 증감률(%)

Raw Data 한국은행 홈페이지 〉 보도참여마당 〉 보도자료

는 8.6% 상승했다. 한국적 양적완화 논란을 제외하더라도 시중에는 계속적으로 돈이 풀리고 있다는 말이다. 이렇게 늘어나는 유동성은 부동산시장으로 유입되면서 가격을 상승시키는 가장 중요한 요인으로 작용하고 있다. 현재 부동산시장은 수급 등 내부적 요인을 제외하면 유동성 장세라고 볼 수 있다. 시장에 화폐공급이 큰 폭으로 늘어나 저금리 기조가 지속될 경우 다른 투자처를 찾던 자금이 부동산시장으로 대규모로 이동하는 현상이다.

안전자산★★ 선호 현상도 이를 부추긴다. 대내외 경제의 불확실

★   최영상·고성수(2015), "통화정책이 부동산가격 변동성에 미치는 영향에 관한 연구", 부동산분석학회
★★   안전자산이란 위험이 없는 금융자산으로서 무위험자산이라고도 한다. 금융자산에 투자할 경우 통상 여러 위험이 수반되는데 이에는 채무불이행 위험과 시장가격변동 위험 등이 있다. 안전자산은 주로 채무불이행의 위험이 없는 자산이라는 의미로 사용된다.

연도별 요구불 예금 추이

연도별	2013년	2014년	2015년	2016년
요구불 예금	113조 6,000억 원	129조 4,000억 원	160조 원	197조 1,000억 원

* 출처 : 한국은행(2016년 5월)

Raw Data 한국은행 홈페이지 〉 경제통계시스템 〉 예금/대출금/기타금융 〉 예금은행 종별 예금 〉 요구불 예금

성이 높아지면서 안전자산 선호현상이 강화되는데 금융자산 중에는 보험과 연금이 크게 늘어나고 있다. 금융자산에서 안전자산 비중은 금융위기 직전인 2007년 65.2%로 저점을 기록하고 2015년에는 74.2%까지 반등했다.★ 부동산도 안전자산과 투자자산으로 구분되지만 기본적으로 부동산자산은 안전자산에 가깝다. 그만큼 변동성이 크지 않다는 말이다. 따라서 저금리와 고령화로 갈 곳 잃은 자금이 부동산시장으로 유입될 가능성이 더 커졌다고 볼 수 있다.

요구불 예금의 증가도 심상찮다. 2013년 113조 6,000억 원에 불과했던 요구불 예금은 2016년 8월 현재 197조 1,000억 원에 이른다. 아파트 분양시장을 움직이는 가장 큰 힘이다. 필요할 때마다 수시로 활용할 수 있는 자금이기 때문이다. 2013년 2.85대 1에

★ 박성준(2016), "가계의 자산포트폴리오, 부동산에서 금융·안전자산으로", LG경제연구원

연도별 청약경쟁률

연도별	2013년	2014년	2015년	2016년
청약경쟁률	2.85대 1	7.42대 1	10.94대 1	15.85대 1

* 출처 : 금융결제원(2016년 10월)

Raw Data 아파트투유(apt2you) 홈페이지 〉 apt 〉 분양정보 및 청약경쟁률 〉 청약접수경쟁률

서 2016년 10월 말 현재 15.85대 1로 높아진 청약경쟁률의 이면에는 수시입출금이 가능한 요구불 예금의 증가가 한몫했다.

브렉시트 투표 이후 어려워진 자국 경제를 위해 영국의 중앙은행인 영란은행이 양적완화책을 전격 도입하면서 일본을 비롯한 주요국의 돈 풀기 경쟁이 격화될 것이다. 영국은 8월 4일 기준금리를 연 0.5%에서 연 0.25%로 하향조정하고 기존 3,750억 파운드 규모의 양적완화 수준을 4,350억 파운드로 늘렸다. 일본 또한 30조 엔의 추경에 이어 추가 양적완화를 준비하고 있다.

이런 상황에서 한국만 통화량 공급을 줄일 수는 없을 것이고 추가적으로 늘어난 글로벌 통화공급은 자산가격을 올려놓을 것으로 보인다. 변동성이 높은 주식보다는 부동산시장의 혜택이 클 것으로 예상된다. 특히 한국의 국가신용등급이 지금처럼 안정적으로 상승한다면 이렇게 풀린 글로벌 통화가 한국의 부동산시장에도 기웃거릴 것으로 기대된다.

지금부터
서울이 오른다

06

국가마다 부동산시장이 가장 강세를 보이는 지역이 있다. 대부분은 수도다. 우리나라도 서울의 부동산가격이 가장 높고 전국을 선도하는 경향이 있다. 아무리 지방의 부동산시장이 매력적이고 개발 이슈가 풍부해도 서울의 부동산가격을 넘어설 수는 없다. 서울과 지방의 부동산가격은 일정 수준의 격차가 발생한다. 이 격차를 근거로 지역별 부동산시장을 예측해볼 수 있다.

지역 간 부동산 가격의 격차는 3가지를 살펴야 한다. 격차의 최고점과 최저점 그리고 고점과 저점으로의 수렴 방식이다. 지역 간 격차가 많이 벌어졌다는 말은 서울 부동산시장에 거품이 발생했다는 말이다. 서울이 너무 많이 올랐거나, 지방이 너무 많이 떨어졌다는 말인데 대부분은 서울이 많이 올라 격차가 벌어지는 경우일 것이다. 저점을 확인해야 하는 이유는 저점 이하로 격차가 좁혀지면 마찬가지 논리로 지방의 부동산시장에 거품이 끼었다고 판단할 수 있기 때문이다.

부산과 서울을 비교하면서 살펴보자. 부산과 서울은 2000년부터 10년간 가장 많이 격차가 벌어졌을 때는 3.72배(2006년)였고 가장 적게 벌어졌을 때는 2.21배(2000년)였다. 10월 현재는 2.07배다. 격차가 많이 좁혀져 있다. 따라서 지방에 거품이 끼었다고 추정할 수 있다.

이때 살펴봐야 하는 것이 수렴의 방식이다. 부산의 경우 서울과의 아파트 매매가격 격차는 2.4배(2011년) → 2.26배(2012년) → 2.18배(2013년) → 2.17배(2014년) → 2.10배(2015년)의 궤적을 그린다. 지난 5년 동안 아주 서서히 좁혀졌다. 이 경우 급격한 가격 변화에 의해 발생하는 거품이라고 이야기할 수는 없다. 다소간 부산의 부동산시장이 고평가되었지만 거품을 이야기할 정도로까지 과열(over shooting)되지는 않았다고 뜻이다.

이번에는 서울과 대구를 보자. 2000년 이후 10년간 아파트 매매가격 차이는 2.95배에서 3.58배로 벌어졌다. 부산과 마찬가지

지역 간 아파트 매매가격 차이비교

구분	2011년	2012년	2013년	2014년	2015년	2016년
서울/부산	2.40	2.26	2.18	2.17	2.10	2.07
서울/대구	3.06	2.75	2.38	2.14	1.97	2.17

* 출처 : 부동산114(2016년 10월)

로 2015년 1.97배로 가장 저점을 기록했다. 하지만 대구는 수렴하는 방식에서 너무 급작스럽다는 것을 알 수 있다. 2011년 3.06배부터 2015년 1.97배에 오기까지 상당히 가파른 기울기를 보인다. 2016년 서울과 비교한 대구의 부동산가격 격차를 예상해보자. 2016년에는 매매가격 격차가 오히려 벌어졌을 것이다. 이는 서울의 아파트 가격이 하락하지 않았다면 대구의 아파트 가격이 떨어졌다는 의미다. 실제로 시장에서는 대구의 아파트 가격이 하락했다.

대략적으로 이야기하면 서울과 지방광역시의 평균 아파트 매매가격은 가장 적게는 2배, 가장 많게는 4배의 차이를 보인다. 지역 부동산시장의 이슈나 외부 경제 동향에 따라 2배에서 4배 사이를 왔다 갔다 한다. 따라서 특정 지역의 부동산시장이 과열인지 상승기의 초입인지 등을 파악할 때는 지역 간 평균 아파트 매매가격 차이도 좋은 참고자료가 될 수 있다.

서울과 지방광역시의 가격 차이가 2배로 수렴해간다면 곧이어 부동산시장의 대세상승기가 시작될 가능성이 높다는 이야기다. 가격 차이가 줄어들었다면 서울에 비해 지방광역시 부동산가격이 높게 평가되어 있다는 말이다. 일반적으로 부동산시장은 서울이 선도한다. 따라서 곧이어 서울을 중심으로 이루어질 부동산시장의 상승국면을 예측해볼 수 있다.

8·25 가계부채
종합대책

07

8·25 가계부채 종합대책★은 지금까지 박근혜정부에서 견지해온 부동산정책을 답습하고 있다. 물론 가계부채가 심각한 상황에서 부동산시장에 피해를 주지 않기 위해 공급 감소를 강조한 측면이 있으나 그 기조는 크게 달라지지 않았다. 이 대책의 핵심은 공급 물량 감소다. 보증요건을 강화해 분양 호황을 잠재우려는 의도도 있으나 미약하다.

　박근혜정부의 부동산정책은 수급 측면에서는 공급 억제, 개발 측면에서는 도심 활성화 그리고 공급방식 측면에서는 임대 공급

확대로 요약된다. 2013년 4·1부동산대책과 2014년 9·1부동산대책 등에서 신도시 중단과 신규 택지 공급 감소를 이야기해왔던 정부는 8·25 가계부채 종합대책이라는 이름을 빌려 이를 확인시켜주었다. 신규 택지 공급을 줄이지만 도시정비사업과 관련된 규제는 완화하여 재건축·재개발은 활성화시키겠다는 것이다. 이를 위한 방편으로 기업형 임대주택(뉴스테이) 사업과 연계된 정비사업에 용적률을 올려 사업성을 높였다.

정부의 현재 부동산정책은 향후 시장을 어떻게 바꿔놓을까? 여기에는 현재 시장에 대한 상황 인식이 중요하다고 볼 수 있다. 현재 부동산시장이 공급과잉이라면 정부의 부동산정책은 원하는 목표를 달성할 수 있지만, 그렇지 않다면 시장은 정부의 의도와는

★ 이중 부동산 부문의 내용은 다음과 같다.
① LH공공택지 2016년 공급물량 6.9㎢(12.9만 호)에서 4.0㎢(7.5만 호)로 감소, 2017년 공급물량도 금년 대비 추가 감축
② HUG(주택도시보증공사)의 PF대출 보증신청 시기 조정(사업계획승인 이후)
③ 분양보증 예비심사도입(미분양 관리지역을 신설하고 해당 지역 택지 매입 전 HUG의 예비심사 필요)
④ 과도한 인허가 자제 유도
⑤ 미분양관리지역 확대
⑥ 분양보증 강화
⑦ 현장점검
⑧ 중도금대출 보증요건 강화(보증기관의 중도금 보증을 부분 보증(100%에서 90%로) 하향 운영하고 은행의 사업 타당성 검토 강화 유도하고 보증건수 주금공/HUG 합산 2건으로 축소

다르게 반응할 것이다. 오히려 공급이 줄어 현재의 분양시장은 더욱 과열되고 이러한 과열 현상이 기존 주택으로 넘어가면서 전체 부동산시장을 불안하게 만들 가능성이 높다.

먼저 현재 분양 물량의 적정성 여부를 살펴보자. 2000년 이후부터 2015년까지 평균 분양 물량은 28만 5,000세대다. 2008년 금융위기 이후 평균 분양 물량도 28만 6,000세대 수준이다. 2015년까지도 분양 물량의 과다를 걱정할 단계는 아니다. 물론 2015년(51만 5,000호)의 분양 물량은 과다했지만, 2010년에는 17만 3,000호에 그쳤던 분양 물량은 너무 적었다. 한 해의 분양 물량만을 보고 공급과잉을 판단하는 것은 문제가 있으며 어느 정도의 기간을 가지고 공급과잉을 판단해야 한다. 그런 측면에서 현재의 공급량이 적정한지는 다시금 생각해봐야 할 것이다.

2016년 서울의 분양 물량은 5만 7,000세대로 예상된다. 이중 재건축·재개발 분양 물량은 5만 1,000세대로 90%를 넘는다. 전국으로 확대해보면 분양 물량 중 18.6%는 재건축·재개발 물량이다. 이것은 어떤 의미일까? 재건축·재개발 물량은 일반 분양분이 많지 않다. 대략 30% 내외만 일반 분양이고 나머지는 다 조합원 몫이다. 즉 원래 주인 있는 집을 공급하는 것이다.

서울만이 아니라 대구, 부산, 대전과 같은 지방 대도시들도 분양하는 대부분의 주택이 재건축·재개발을 통해서 공급되는데 이

2016년 재건축 · 재개발 분양 비중 예상

지역별	전국	서울
전체 분양 물량	49만 2,760세대	5만 6,669세대
재건축 · 재개발 분양 물량	9만 1,730세대	5만 1,127세대
비중	18.6%	90.2%

* 출처 : 부동산114(2016년 10월)

들은 실제적으로는 신규 공급이 아닌 기존 주택의 대체공급이라고 봐야 한다. 전국적으로 18.6%의 비중이지만 대부분의 대도시에서는 50% 훌쩍 넘는 분양 물량이 재건축 · 재개발을 통해 공급되므로 공급과잉보다는 공급부족을 걱정해야 하는 상황이다. 특히나 이들 지역은 우리나라 부동산시장을 선도하고 있기 때문에 그 파급효과는 크다고 볼 수 있다.

이 일반 분양 물량마저 온전히 주택수요자에게 공급되는 물량이 아니며, 이런 현상은 계속 확대될 것이다. 뉴스테이 때문이다. 정비사업 연계형 뉴스테이의 경우 일반 분양분 전체를 집합투자기구(리츠, 펀드 등)에서 매입한다. 뉴스테이가 확산될 경우 재건축 · 재개발 사업의 일반 분양은 집합투자기구가 분양이라는 행위 없이 매수하게 된다. 분양 없이 조합과 기업 간 매매계약을 통해 수천 세대 주택의 소유권이 기업(집합투자기구)으로 이전된다. 이는 정비사업 연계형 뉴스테이뿐만 아니라 일반 뉴스테이도 마찬가지다. 민간제안형 뉴스테이나 LH형 뉴스테이 모두 분양이 아니라 기업 소유를 전제로 한다.

분양 물량에 대한 분석과 함께, 분양가와 분양상품도 살펴야 한다. 분양가가 적정한지의 여부는 주변 시세(아파트 매매가격)와 비교하는 것이 가장 적절하다. 2015년 말 현재 아파트의 평균 분양가는 3.3m² 당 986만 원이며, 매매가는 989만 원이다. 분양가가 매매가보다 낮다. 일반적으로 분양가는 3년 후 매매가를 의미하므로 매매가보다는 높아야 정상이다. 3년 후 입주 시 구입할 때와 비교해 분양을 받음으로서 발생하는 기간이자(물가상승률 등)와 리스크 프리미엄을 포함해야 하기 때문이다. 하지만 다행스럽게도 2015년 4월까지 유지되어온 분양가 상한제로 인해 분양가는 매매가보다 낮게 유지되고 있다.

특히 아파트 사업의 규모가 커지면서 주택사업자(시행사)들은 위험에 예민하게 반응하게 되었다. 개발 사업을 수차례 성공했다 하더라도 한번 잘못된 아파트 사업은 지금까지의 성공을 물거품으로 만들 수 있기 때문이다. 2000년 이후 가구당 평균 주택가격은 3배 가까이 올랐다. 이는 같은 기간 주택사업의 위험이 3배나 높아졌다는 의미다. 따라서 분양가가 매매가보다도 1.25배나 높았던 2008년과 같은 선택을 하기는 어려울 것이라는 말이다. 자연스럽게 분양가는 낮은 수준에서 머물게 될 것이며 이렇게 낮은

전국 분양아파트 규모 비교

연도별	60㎡ 이하	60~85㎡ 이하	85㎡ 초과	합계
2005년	55,927세대 (18.4%)	168,627세대 (55.4%)	79,791세대 (26.2%)	304,345세대 (100.0%)
2015년	131,607세대 (25.6%)	345,030세대 (67.0%)	38,345세대 (7.4%)	514,982세대 (100.0%)

* 출처 : 부동산114

분양가는 늘어나는 공급물량이 시장에 미치는 부정적인 영향을 줄일 수 있을 것이다.

소형 아파트 위주로 구성된 분양 상품 또한 현재의 공급과잉 우려를 덜어낼 것이다. 2005년과 2015년 두 기간 동안의 분양상품을 비교하면 대형(85㎡ 초과) 아파트의 분양 비중이 급격히 줄어든 (26.2%→7.4%) 것을 알 수 있다. 이렇게 중소형 상품 위주의 아파트 공급은 다소 공급과잉의 상황이 오더라도 부동산시장을 침체의 상황으로 밀어 넣지는 않을 것으로 보인다.

현재의 부동산시장 상황이 공급과잉이 아니라면 8·25 가계부채 종합대책에서 언급된 부동산정책은 정부의 과민반응으로 생각된다. 지금 상황에서 공급마저 줄인다면 과열로 치닫는 분양시장을 더욱 자극하게 될 것이다. 특히 통화량과 더불어 급증하는 요구불 예금은 언제든지 분양시장으로 뛰어드는 실탄이 될 것이다. 새 아파트에 대한 선호와 고령화시대로 인해 주택수요자들은 재건축 · 재개발을 통한 공급을 더욱 선호할 것이다. 앞에서 살펴본 바와 같이 얼마 되지 않는 일반 분양 물량은 분양시장의 호황을 과열로 탈바꿈시킬 것이다.

하지만 택지개발을 통한 공급이 계속 뒷받침되지 않는다면 줄어든 물량으로 인해 분양가격은 지속적으로 상승할 것이다. 이러한 분양가격이 기존 아파트의 매매가격을 자극하여 전반적인 부동산시장의 가격 상승을 이끌 수도 있다. 정부의 공급제한 대책이 기존 매매 가격마저 끌어올리지 않을까 우려된다.

11·3 부동산대책이
궁금하다

—
08

11·3 부동산대책이 발표되었다. 부동산경기를 침체시키지는 않으면서 현재의 과열을 진정시킬 방법을 찾던 정부가 고심한 흔적이 엿보인다. 특정 지역에 국한해서 분양권 거래를 제한하는 방식이다. 과거에는 투기과열지구와 같은 과감한 정책을 사용했으나 현재의 정책은 국지적이며 순차적이다. 부동산시장, 특히 분양시장이 잡히지 않으면 추가 대책도 가능하다는 엄포다.

결론적으로 이번 발표된 부동산대책이 시장에 미치는 영향은 크지 않을 것으로 보인다. 단, 단기적으로 조정 대상지역으로 지정된 서울과 과천 등에서는 분양시장이 축소되면서 지금의 과열 양상은 진정될 것이나 기존의 분양권들은 오히려 투자수요가 덧붙여질 가능성도 높다. 이른바 풍선효과다.

재건축 관련 규제가 포함되지 않는 점은 아쉽다. 하지만 재건축 시장의 과열은 일반 분양분에 나타나는 현상이니 청약이나 분양권 거래를 규제하면 큰 문제는 없을 듯하다. 관련 규제는 오히려 도심개발을 저해할 가능성이 높아 서울 등에서는 심각한 공급 축소를 가져올 수 있다. 서울은 이미 분양 아파트의 90% 이상이 재건축·재개발 물량이다.

11월에 분양한 대부분의 아파트가 선전했으며 프리미엄도 붙은 것으로 알고 있다. 기존 아파트시장은 부진하지만 분양시장이 활황을 보이는 전국적인 현상이 계속된 것으로 보인다.

그럼 2017년 분양시장은 어떻게 될까?

일단 정부의 부동산 규제 대부분이 집중된 곳이 분양시장이다. 분양시장은 전체 주택재고의 2% 내외지만 새 아파트에 대한 기대심리와 함께 가격을 선도하기 때문에 중요하다. 그 영향이 크기 때문에 정부의 규제가 계속 분양시장에 집중될 가능성이 높다. 정부의 규제가 집중되는 곳은 일단은 피하는 것이 상책이다. 특히 현재 분양하는 아파트는 입주가 대부분 2019년이다. 3년 후의 부동산 시장을 정확히 예측할 수 없다면 더욱 신중하게 투자해야 한다.

현재의 부동산시장이 상승기라면 기존 아파트에 대한 관심이 필요하다. 신규 아파트시장이 주택수요자의 관심에서 멀어지면 자연스럽게 기존 아파트, 그중에서도 입주 후 5년 내의 새 아파트에 대한 수요가 증가할 것이다. 물론 오래되었지만 저평가된 아파트도 상승 여력은 충분하다. 이미 분양가가 상당한 수준으로 높아졌기 때문에 저렴해 보이는 기존 아파트가 더욱 늘어났을 것이다. 이른바 풍선효과라 할 수 있다.

하지만 지역적인 풍선효과는 조심해야 한다. 과거 버블세븐처럼 강남의 재건축 수요가 확산되는 것은 쉽지 않을 전망이다. 인구의 고령화는 도심에 대한 수요를 증가시키지만 도심 외곽은 갈수록 애물단지가 될 가능성이 높다. 하지만 현재 본인 거주 지역을 벗어난 광역투자 수요가 많기 때문에 연접지역으로의 투자수요가 이전되는 현상은 가능할 것이다. 조정 대상지역으로 지정된 부산의 투자수요가 울산으로 넘어올 가능성 또한 높다.

지금의 부동산시장은 저금리에 따른 유동성과 재건축이 주도하고 있다. 이 2가지 이슈를 정부가 제어하기가 쉽지 않을 것이다. 그러면 '언제' 보다는 '어떤' 을 고민하는 것이 좋다. 2017년 부동산시장은 타이밍보다 상품경쟁력을 우선해 찾아야 할 것이다.

2장

상승하는 부동산의 조건

기다리는
대폭락은 없다

01

분양권이란 신규 분양한 아파트의 청약에 당첨되어 해당 아파트가 준공된 이후 입주할 수 있는 권리다. 분양권은 입주할 때가 되어서야 주택이 되며, 분양가는 아파트 매매가격이 된다. 분양을 시작할 때 호가의 성향을 가지는 분양가격도 입주가 시작되면 실제 거래가격이 된다. 따라서 분양 물량보다는 입주 물량이 더 중요하다.

서울 부동산시장의 호황과 대구 부동산시장의 침체는 입주물량으로도 알 수 있다. 2016년 서울의 입주물량은 2만 3,641세대로 2000년 이후 평균 입주물량인 4만 3,258세대보다 2만 세대나

입주물량 비교

구분	전국	서울	대구
2000년 이후 평균	29만 1,875세대	4만 3,258세대	1만 5,490세대
2016년 입주예상물량	27만 9,544세대	2만 3,641세대	2만 6,503세대
차이	-1만 2,331세대	-1만 9,617세대	1만 1,013세대

* 출처 : 부동산114

적다. 대구는 정반대다. 2016년 입주물량이 2만 6,503세대로 2000년 이후 평균 입주물량 1만 5,490세대보다 1만 1,013세대나 많다. 입주물량이 이렇게 많으니 부동산시장에 미치는 영향이 부정적이다.

전국적으로도 입주물량은 안정적이다. 2016년 전국 입주물량은 27만 9,544세대로 평균 입주물량보다 오히려 1만 2,331세대가 적다. 하지만 지역별로는 차이를 보인다. 전국 광역자치단체 중 입주물량이 평균보다 많은 곳은 모두 9곳이다. 그중 심각한 곳은 대구와 전남 그리고 충남이다. 대구와 충남은 2016년 들어 아파트 매매가격 하락률이 높은 지역이다. 대구는 10월 현재까지 2.54% 하락했고, 충남 또한 1% 하락했다. 전남은 그나마 0.45% 상승했으나, 나주시 등은 1.86% 하락하는 등 세부 지역별로는 심상치 않다.

입주물량에서 중대형 아파트(85㎡ 초과)가 차지하는 비중은

구분	2000년 이후 평균	2016년 입주예상물량	차이
대구	1만 5,490세대	2만 6,503세대	1만 1,013세대
광주	9,941세대	1만 559세대	618세대
강원	7,669세대	7,722세대	53세대
경북	1만 1,689세대	1만 5,390세대	3,702세대
전남	8,010세대	1만 1,868세대	3,858세대
충남	1만 3,570세대	2만 2,024세대	8,454세대
충북	8,737세대	9,844세대	1,107세대
제주	1,747세대	2,437세대	690세대
세종	5,170세대	7,343세대	2,173세대

* 출처 : 부동산114

2016년 규모별 입주물량

규모별		60㎡ 이하	60~85㎡ 이하	85㎡ 초과	합계
전국	세대수 (비중)	9만 3,612세대 (32.5%)	17만 19세대 (59.1%)	2만 4,165세대 (8.4%)	28만 7,796세대 (100%)
수도권	세대수 (비중)	4만 3,565세대 (36.2%)	6만 2,081세대 (51.6%)	1만 4,703세대 (12.2%)	12만 349세대 (100%)
지방	세대수 (비중)	5만 47세대 (29.9%)	10만 7,938세대 (64.5%)	9,462세대 (5.7%)	16만 7,447세대 (100%)

* 출처 : 부동산114
** 집계과정에서 지역별, 규모별로 세대수의 차이가 있음.

8.4%에 그친다. 대부분이 중소형 아파트라는 뜻이다. 입주물량의 양(세대 수)과 질(규모) 모두 안정적이다. 권역별로는 입주물량에서 중대형의 비중이 차이난다. 지방의 경우 중대형 아파트가 입주물

량에서 차지하는 비중이 5.7%인데 반해 수도권은 12.2%에 이른다. 향후 입주물량의 과다를 더 주시해야 하는 곳이 수도권임을 알려준다.

역전세난은
일시적, 지역적이다

—
02

서울을 비롯한 수도권은 오랜 기간 전세난에 시달렸다. 이제 그 반작용이 나타날 때가 되었다. KB국민은행의 2016년 7월 전국 주택가격 동향조사결과에 의하면 서울의 아파트 전세가율이 7년 6개월 만에 하락했다. 전월과 비교해 0.3%p 하락한 74.8%를 기록했다. 전세가율이 하락한 건 관련조사를 시작한 지난 2009년 2월 이후 처음이다.

지금까지는 전세난이 주택임대차시장에서 주요 이슈였다. 전세가 급격히 월세화되면서 전세는 물건도 많지 않아 가격이 급속

서울 전세가율 추이

구분	2013년 1월	2014년 1월	2015년 1월	2016년 1월	2016년 9월
전세가율	57.8%	64.3%	66.2%	71.0%	71.7%

* 출처 : 한국감정원

Raw Data 한국감정원 홈페이지 〉 부동산통계정보 〉 부동산통계 〉 전국주택가격동향조사 〉
월간동향 〉 아파트 〉 매매가격지수 〉 매매가격 대비 전세가격 〉 평균가격

히 올랐다. 전세가격만큼 매매가격이 오르지 않으니 전세가율이
높아지는 것은 당연하다. 지난 3년간 집값 상승에 대한 기대가 높
지 않았던 수도권이 대표적이다. 특히 서울의 전세가율 상승은 무
섭다. 한국감정원의 통계에 의하면 2013년 1월 57.8%였던 서울
의 전세가율은 2016년 10월 71.7%로 높아졌다. 그동안 서울의 아
파트 매매가격은 13.01% 상승에 그친다. 전세는 무려 44.95% 상
승했다. 서울의 전세가율이 지방의 광역시보다 높아진 이유다.

전세가율이 하락하기 위해서는 매매가격이 더 높게 오르거나
전세가격이 하락하면 된다. 최근 서울을 중심으로 72.0%까지 올
랐던 전세가율이 71.7%로 하락한 것은 이 2가지 요인이 모두 작
용한 것으로 보인다. 재건축사업이 이슈화되면서 2016년 들어 10
월까지 서울의 아파트는 전세가격 상승률(3.57%)에 비해 매매가격
상승률(6.96%)이 더 높다. 서울의 전세가격이 올라가면서 전입인
구가 늘고 있는 경기도, 인천의 경우는 그 반대다.

수도권 매매, 전세가격 비교

구분	서울	경기	인천
매매가격	6.96%	2.49%	2.48%
전세가격	3.57%	3.55%	3.96%

* 출처 : 부동산114(2016년 1월~10월)

매매가격이 높아지는 현상과 함께 전세가격이 하락하는 현상도 함께 벌어진다. 입주물량 때문이다. 2016년 하반기 들어 서울에서 전세가격이 하락하는 곳은 서초구, 강남구, 강동구 등의 지역이다. 위례신도시를 포함한 경기 남부지역의 입주 여파로 파악된다. 2016년 경기도 입주물량은 총 8만 4,604세대다. 이중 하남시(1만 5,505세대), 화성시(1만 2,524세대)의 입주물량이 많다. 이로 인해 강남구를 중심으로 전세가격의 하락현상이 벌어지고 있다.

이렇게 전세가율이 낮아지고, 입주물량이 늘어나 전세가격이 하락하는 현상은 특정 지역을 중심으로 한 일시적인 현상이다. 하지만 2017년 이후 입주물량이 급격히 늘어나면 또다시 재현될 것이다. 특히 서울보다는 경기도의 입주물량 증가가 두드러진다. 따라서 서울 지역의 비싼 아파트 가격에 부담을 느낀 주택수요자들이 입주물량이 풍부한 경기지역으로 이동할 가능성이 높다.

서울의 입주물량은 많지 않다. 2017년은 2만 7,000세대에 그치며, 2018년에도 3만 세대 내외다. 따라서 외부변수의 충격이 없다

연도별 입주(예정)물량

지역	전국	서울	경기
2014년	26만 4,099세대	3만 7,054세대	5만 3,682세대
2015년	26만 7,238세대	2만 1,573세대	7만 233세대
2016년	27만 9,192세대	2만 3,668세대	84만 604세대
2017년	37만 38세대	2만 6,533세대	12만 468세대
2018년	37만 1,363세대	3만 759세대	14만 758세대

* 출처 : 부동산114

경기 입주물량 과다 지역

구분	2017년	2018년
광주시	5,143세대	5,538세대
평택시	7,706세대	8,889세대
시흥시	1만 1,072세대	1만 3,207세대
화성시	2만 1,915세대	2만 3,617세대
김포시	1만 1,133세대	8,591세대

* 출처 : 부동산114

면 현재 재건축 아파트를 중심으로 한 서울의 아파트 강세는 당분간 이어질 가능성이 높다. 경기도는 김포, 화성, 광주, 평택, 시흥시의 입주물량이 많다.

이중 시흥시, 화성시의 입주물량이 두드러진다. 시흥시는 목감지구와 은계지구의 입주가 2017년, 2018년에 집중된다. 이로 인해 지난 10년간 4,000세대(3,738세대)도 되지 않던 입주물량이 3배 이상 집중적으로 늘어났다. 화성시 또한 마찬가지다. 동탄2 신도시 입주로 인해 1만 세대(9,568세대)가 되지 않던 평균 입주물량이 2년 연속 2만 세대를 넘어설 예정이다.

입주물량이 늘어나는 곳은 국지적이다. 입주물량이 늘어나면서 분양권 프리미엄이 줄어들 가능성 또한 높다. 하지만 경기도의 경우 입주물량이 늘어나면서 서울의 전세난을 완화하는 역할을 할 가능성이 높다. 따라서 입주물량 증가가 서울 등 주변 지역에 미치는 영향까지를 고려한 투자가 요구된다.

전세보다
집값이 더 오른다

03

2016년 1~10월 동안 전국 아파트의 매매가격 상승률은 3.66%이며, 전세가격 상승률(3.02%)도 큰 차이가 없다. 하지만 2015년 같은 기간의 14.41% 상승률에 비하면 상당히 안정적인 모습을 보였다. 전세가격 상승률이 가장 높았던 곳은 세종시로 9.62%에 이른다. 전세가격이 하락한 곳도 있는데 대구가 3.27% 하락했다.

2015년과 비교하여 전세가격이 가장 안정화된 곳은 대구와 인천이다. 각각 무려 15.93%p, 12.8%p 하락하여 역전세난을 걱정해야 하는 입장이다. 대전의 경우에는 2015년보다 오히려 전세가

2016년 상반기 지역별 아파트 전세가격 상승률 (단위 : %)

연도별	2015년	2016년
서울	14.41	3.57
부산	9.29	7.35
대구	12.66	-3.27
인천	16.76	3.96
광주	6.48	0.52
대전	3.29	3.94
울산	6.15	2.20
제주	8.96	0.04
세종	13.3	9.62

* 출처 : 부동산114(2016년 10월 말 현재)

격이 올랐다.

규모별 전세가격 상승률은 큰 차이가 없다. 소형 아파트 전세가 귀해지고 갈수록 전세가격이 올라가면서 중대형으로 전세수요가 이전되는 양상이 보인다. 따라서 소형 아파트의 전세가격이 강세를 보이는 현상은 많이 줄어들었다. 매매가격이 여전히 소형 아파트를 중심으로 상승하는 것과는 다르게 실수요인 전세수요는 아파트 규모 전반으로 확산되는 현상을 보인다.

재건축 아파트가 아파트 매매시장을 주도하는 것과는 다르게 실수요시장인 전세시장은 재건축 아파트가 힘을 쓰지 못한다. 재건축 아파트만을 따로 떼어내면 전세가격은 전국적으로 0.81%

2016년 상반기 규모별 아파트 전세가격 상승률 (단위 : %)

시점	전체	60㎡ 이하	60~85㎡ 이하	85㎡ 초과
2015년	2.71	2.80	2.64	2.76
2016년	10.62	10.44	10.78	10.50

* 출처 : 부동산114

2016년 재건축 아파트 전세가격 상승률 (단위 : %)

연도별	서울	부산	대구	인천	광주	대전	울산
2016년 1~10월	-2.64	5.09	0.44	2.18	1.92	1.00	0.00

* 출처 : 부동산114

하락했다. 서울의 하락폭이 가장 큰데 2.64% 하락하여 전국에서 가장 높은 하락률을 보였다. 재건축 아파트는 낡고 불편하니 전세 수요가 많지 않다. 따라서 본인이 거주하지 않으면서 재건축 아파트를 투자하려면 필요한 자금을 더 철저히 파악해야 할 것이다.

함께 오르던 지방,
이제 차별화된다

04

수도권과 지방 간의 아파트 매매가격 상승률은 차이가 난다. 그렇다고 수도권과 지방 이렇게 크게 2개 지역을 구분해서 투자를 저울질해서는 안 된다. 수도권 특정 시의 경우 지방의 특정 시보다 더 하락한 곳이 부지기수다. 따라서 권역별 부동산시장은 단순한 참고자료일 뿐이다.

지방의 경우 대구의 하락 전환이 두드러진다. 2015년 같은 기간 아파트 매매가격이 10% 넘게 상승한 대구의 경우 2016년 들어 다른 지방 주요 도시들이 소폭이나마 상승세를 보여줌에도 불구

주요 도시 아파트 매매가격 상승률 (단위 : %)

구분	서울	부산	대구	인천	광주	대전	울산	세종
2014년(1~10월)	2.3	2.26	10.77	2.06	6.39	0.73	3.66	−0.56
2015년(1~10월)	5.5	7.38	14.51	5.25	7.57	0.14	7.45	5.01
2016년(1~10월)	6.91	8.33	−2.52	2.44	0.46	0.68	0.56	1.76

* 출처 : 부동산114

하고 하락(−2.52%) 전환되었다. 여타 지방 주요 도시와 비교해 대구의 하락 전환은 극적이다. 같은 기간 10% 넘게 상승률을 보였던 아파트 시장이 마이너스로 전환되었으니 그 충격은 더 심할 것이다.

대구의 아파트 매매가격의 하락세는 과다한 상승에 따른 반작용으로 보인다. 달서구의 하락률(−4.06%)이 가장 크며 대구의 모든 세부 지역이 하락하고 있는 점 등을 고려하면 당분간 하락세를 벗어나긴 힘들 것이다. 부산 해운대구(1,211만 원/3.3㎡)에 가까운 수성구(1,100㎡/3.3㎡당)의 매매가격은 조정이 불가피해 보인다. 2016년 10월 말 현재 지방 주요 도시의 세부 지역(구) 중 3.3㎡당 아파트 매매가격 평균이 1,000만 원을 넘어가는 곳은 단 4곳뿐이다. 부산 해운대구, 수영구(1,192만 원), 대구의 수성구다. 다음이 인천의 연수구인데 1,017만 원이다.

울산의 경우 부동산시장의 하락 요인보다는 조선산업의 침체로 인한 영향이 더 두드러진다. 따라서 지역 산업이 침체한 영향을 직접적으로 받는 동구(-1.77%)와 공급이 늘어나는 북구(-0.19%)의 상황이 좋지 않지만, 나머지 세부 지역은 오히려 상승세를 보인다. 한국감정원의 자료에 의하면 재개발사업과 지역주택조합의 이슈가 있는 울산 중구의 경우 2016년 들어 주택매매가격이 2.55%의 상승세를 기록 중이다. 서울 강남 4구(서초구, 강남구, 송파구, 강동구)가 2.45% 상승에 그친 점 등을 고려하면 강세다. 이런 점 등을 고려하면 주요 도시의 아파트 매매가격은 세부 지역을 함께 살펴보는 것이 필수다.

대전은 침체를 거듭하고 있다. 지방 부동산시장이 가장 호황이었던 2015년에도 겨우 마이너스를 면했을 따름이다. 2016년 들어서는 광주와 함께 지방 주요 도시들 중에서는 가장 낮은 상승률을 보인다. 분양시장이 호황인 세종시의 경우에도 2016년 들어서는 그리 좋은 모습을 보이지 않는다. 하지만 분양시장의 호황은 지속되고 있어 국내 주요 도시 중 유일하게 미분양이 전혀 없으며, 청약경쟁률 또한 여전히 두 자리 수(36.63대 1)를 기록하고 있다.

매매는 줄고
증여가 늘었다

05

아파트 거래량은 아파트 매매가격의 선행지표다. 6개월 정도 아파트 매매 거래량이 늘어나면 아파트 매매가격이 상승할 것으로 예상할 수 있다. 이를 이용한 '벌집순환모형(Honeycomb Cycle Model)'이라는 모델도 있다. 벌집순환모형이란 주택가격과 거래량이 일반적인 경기 사이클과 더불어 6각형 벌집모형으로 반시계 방향을 가지며 순환한다는 이론이다.★ 이 이론이 맞느냐 아니냐는 논란이 많지만 거래량이 늘어난다는 말은 시장이 활성화되었다는 말이니 부동산시장에는 언제나 긍정적이다.

아파트 거래량 추이

구분	전체	매매	증여	분양권
2015년 1~3분기	97만 553건	61만 7,631건	2만 4,074건	27만 7,825건
2016년 1~3분기	85만 1,803건	48만 7,571건	2만 8,415건	27만 7,655건
증감	−12.2%	−21.1%	18.0%	−0.1%

* 출처 : 한국감정원

Raw Data 한국감정원 홈페이지 〉 부동산통계정보 〉 부동산통계 〉 부동산거래현황 〉 아파트거래현황 〉 월별 거래원인별

2016년 1분기 아파트 매매거래는 급속히 감소했다. 2015년 1~3분기 동안 60만 호가 넘게 거래되었던 아파트가 2016년 1~3분기에는 50만호에도 못 미친다. 무려 21.1%나 감소했다. 전체 거래량 또한 감소했다. 같은 기간 97만 건에서 85만 건으로 줄어들었으니 12.2%가 감소했다.

하지만 증가한 거래도 있다. 증여다! 2015년 1~3분기 2만 4,000건에 그쳤던 증여거래는 2016년 1~3분기 2만 8,000건으로 무려 18%나 증가했다. 분양권 거래는 감소했지만 그 폭은 적다.

한국감정원 부동산연구원에 의하면 2015년 아파트 구입자 중 60세 이상은 2011년과 비교해 57.2%나 늘었다. 이는 베이비붐 세

★ Jos Janssen, Bert Kruijt, Barrie Neednam(1994), "The Honeycomb Cycle in Real Estate". The Jounal of Real Estate Research

대가 주택을 적극적으로 구입하고 있다는 말인데 증여의 목적이 큰 것으로 보인다. 임대 목적의 투자수요도 있지만 향후 집값 상승을 대비해 자식에게 물려주기 위한 목적도 상당한 것으로 보인다.

이렇게 증여가 늘어나는 현상을 고려하면 주택의 선호 규모가 커질 가능성은 낮다. 노후생활을 보장하는 투자용 아파트와 자식을 위한 증여용 아파트는 모두 소형일 수밖에 없다.

도심의 소형 아파트는
계속 오른다

신규수요(신혼)와 함께 대체수요(중장년층)까지 소형 아파트를 원한다. 신규수요야 당연히 소형 아파트지만, 중장년층은 왜 소형 아파트를 원할까? 중장년층이 소형 아파트를 매수하는 이유는 2가지로 보인다. 월세를 받는 것과 나중에 자식에게 증여를 하기 위해서다. 본인 아파트를 줄이지 않더라도 추가되는 수요는 대부분 소형 아파트라는 이야기다.

인구구조의 변화와 아파트의 내부구조(유닛)에서 발코니 확장이 가능해지면서 중대형 아파트의 인기가 예전만 못해졌다. 1, 2인

가구가 중심이 되자 굳이 무리해가며 넓은 집에 살 필요가 없어진 것이다. 앞으로도 1, 2인 가구의 증가세가 가장 높을 것으로 예상되므로 인구구조의 변화에 의한 소형 아파트의 강세는 지속될 것으로 보인다.

최근 리터루(returoo)족이라는 단어가 언론과 방송에 등장했다. 치솟는 전세값에 주거비를 감당하기 힘들어진 자녀 세대가 부모의 집에 얹혀살겠다고 돌아온다는 것이다. 리턴(return)과 캥거루(kangaroo)의 줄임말이다. 언론과 방송에서 이에 대한 근거로 수도권 5인 이상 가구가 예상보다 절반 수준에 못 미치게 줄어들었으며, 중대형 아파트의 거래량이 오히려 늘어나고 있다는 점을 지적한다. 그러나 이는 근시안적인 판단이다.

이러한 현상이 시장을 움직일 정도는 아니다. 현재까지 어디에서도 대형 아파트 가격이 상승하고 있다는 징후를 발견하지 못했다.

사실 중대형 아파트의 귀환을 예상하는 주장은 계속 있었다. 속칭 부동산전문가들은 2가지 이유를 들며 중대형 아파트가 곧 상승할 것이라고 주장했다. 첫째는 희소성이다. 그동안 공급도 줄었으니 수급 논리상 이제 찾는 사람이 늘고 가격도 오를 것이라는 논리다. 두 번째는 규모에 따른 가격 차이가 줄어 갈아타기가 쉬워졌다는 것이다. 중요한 것은 이 2가지 이유 모두 논리적이지 않다는 사실이다. 첫 번째 이유에서는 수급논리 중 수요를 간과했다. 공급이 줄더라도 수요가 더 많이 준다면 가격은 떨어진다. 한국부동산자산관리연구원이 생각하는 지금 중대형 아파트가 처한 상황이다. 공급이라고 해서 많은가. 절대 그렇지 않다.

공급면적 115.5㎡(35평) 이상의 아파트가 전체 아파트에서 차지하는 비중이 19.27%이며 85.2㎡(26평) 미만은 39.74%다. 일견 소형 아파트가 많은 것 같지만 59.4㎡(18평) 미만인 원룸을 제외하면 85.2㎡(26평) 미만의 비중은 24.18%로 뚝 떨어진다. 중대형(35평 이상)과 소형 아파트(18평 이상~26평 미만)의 비중에 큰 차이가 없다는 말이다.

그럼 희소성이란 신규 공급되는 분양 물량에는 해당되는가? 그렇지도 않다. 2015년 분양 물량에서 소형 아파트(전용면적 60㎡ 이하)가 차지하는 비중은 25.6%에 그친다. 현재 재고에 비해 그리 많지도 않은 물량이다. 85㎡ 초과 아파트의 비중은 7.4%로 대폭 줄었지만 대부분이 구 30평형대 아파트에 집중되어 있다. 무려 67%의 비중이다. 따라서 소형 아파트가 엄청나게 공급되고 있다고 알고 있지만 실상은 다르다.

두 번째 이유에서는 갈아타는 비용을 너무 가볍게 생각했다. 갈아타는 비용이 많이 줄었다지만 이미 담보대출을 받아 전세를 살고 있는 주택수요자가 추가로 대출을 받는 것은 부담스러울 수밖

전국 분양아파트 규모 비교

연도별	60m² 이하	60~85m² 이하	85m² 초과	합계
2005년	5만 5,927호 (18.4%)	16만 8,627호 (55.4%)	7만 9,791호 (26.2%)	30만 4,345호 (100%)
2015년	13만 1,607호 (25.6%)	34만 5,030호 (67.0%)	3만 8,345호 (7.4%)	51만 4,982호 (100%)

* 출처 : 부동산114

에 없다. 1,300조 원에 육박하는 현재의 가계부채로 인해 추가로 대출받기는 힘들 것이다. 특히 아파트의 평균가격이 훨씬 높은 서울의 경우는 더욱 그러하다.

리터루족에 대해 추가하자면 일본에서도 비슷한 현상이 있는데 전혀 다른 방식으로 나타난다. 유령도시로 변한 일본의 기존 신도시에 최근 특이한 현상이 벌어졌다. 신도시와 가까운 부도심의 역세권 주변에 고층타워 아파트가 하나씩 팔려나가기 시작한 것이다. 역에서 도보 2~3분 거리에 붙어 있는 작은 평수의 아파트에 비교적 젊은 부부들이 모여들었다. 이들의 공통점은 어린 아이를 키우면서 맞벌이를 해야 하고, 신도시 근처에는 친정부모가 살고 있다는 것이다. 팍팍한 살림에 맞벌이를 포기할 수 없으니, 친정 부모 근처에서 육아문제를 해결하려는 것이다. 하치오, 후추 등이 대표적인 선호지역이다. 후추시의 게이오선 후추역에 붙은 28층 아파트는 구매자의 절반 이상이 40대 이하인 것으로 집계됐다. 유사한 현상이 일본에서도 일어났으나 합치는 것이 아니라 '국이 식지 않는 10분 거리'에 모여 산다. 우리나라에서도 보면 부모와 한집에서 사는 것이 아니라 부모 집 바로 맞은편 아파트에서 각자 산다. 필요할 때는 함께 하지만 자신의 프라이버시는 충분히 챙길 수 있는 거리다.

대형 아파트 하나가 필요한 것이 아니라 소형 아파트 2개가 필요하다고 보는 것이 더 현실적이다. 금융감독원에 따르면 지난 2015년 4/4분기에 비해 2016년 1/4분기 세대별 주택담보대출이 2030세대는 총 13조 3,000억 원이나 증가했다. 5060세대가 같은 기간 동안 총 12조 5,000억 원이 감소한 것과 대조적이다. 여기에는 점점 높아지는 전세가와 금리인하 등으로 인해 2030세대의 내집 마련이 늘어나는 점 등이 포함되어 있지만, 부동산 증여의 증가도 한몫한다. 혼기가 다 된 자식을 위한 아파트 쇼핑이다. 오히려 세대가 분화되고 있다.

미니멀리즘(minimalism)과 개인물류(self-storage) 현상 또한 소형 아파트 수요를 증가시키는 주요한 요인이다. 미니멀리즘이란 단순함과 간결함을 추구하는 라이프 스타일인데 개인물품과 가구를 극도로 적게 보유하기 때문에 필요한 주거 면적이 대폭 줄어들게 된다. 유럽의 젊은 층을 중심으로 일어나는 생활 사조인데 확산 조짐이 크다. 개인 물류 또한 마찬가지다. 소득 수준이 높아질수록 수집이 필요한 취미활동을 많이 하는데 외국은 이를 집에서 보관하는 경우가 많지 않다. 월세가 일반화되다 보니 피규어, 캠핑 용품 등을 방 하나에 가득 채우는 우리와는 다르게 공간의 비용에 민감하다. 도심에서 이러한 개인물품을 보관해주는 사업이 개인 물류인데 미국의 경우는 전체 물류시장에서 10%를 차지한다. 아파트 지하에 이러한 개인 창고를 함께 분양하는 경우가 있어 우리는 내부에서 이를 흡수하고는 있지만 여하튼 아파트 면적이 넓어지는 것과는 반대 방향이다.

틈새평면 또한 주의해야 한다. 여전히 대부분의 아파트가 주력 평면(20평, 30평)인 상황에서 이제 막 생기고 있는 틈새평면의 아파트를 선택하는 것은 투자 측면에서는 조심스럽다. 팔 때를 고려한다면 본인한테 필요한 주택이 아니라 대중에게 필요한 주택을 사야 한다. 틈새시장(niche market)은 수요가 적다는 기본을 기억하자.

소형에서 중형으로
갈아타기는 여전히 힘들다

07

소형 아파트의 강세가 이어지고 있다. 인구구조의 변화와 아파트의 내부구조(유닛)에서 발코니 확장이 가능해지면서 소형 아파트가 주목받고 있다. 1, 2인 가구가 중심이 되면서 굳이 무리하게 넓은 집에 살 필요가 없어졌다. 집이 넓으면 관리비 및 재산세 부담도 높아진다. 앞으로도 1, 2인 가구의 증가세가 가장 높을 것으로 예상되므로 인구구조의 변화에 의한 소형 아파트의 강세는 지속될 것으로 보인다. 서울연구원에 따르면 20년 뒤 2035년 서울의 1, 2인 가구의 비중이 63.2%에 이를 것으로 예상하니 트렌드를 거슬리기는 어려울 것 같다. 3가구 중 2가구가 1, 2인 가구이니 이들을 대상으로 한 아파트 상품을 기획하고 분양하는 것이 바람직할 것이다.

2016년 들어서도 이러한 현상은 계속되고 있다. 지난 10월까지 소형 아파트의 매매가격 상승률은 8.83%였다. 반면에 대형 아파트는 2~3%대를 벗어나지 못하고 있다. 서울은 더욱 심각하다. 66㎡ 미만의 아파트 매매가격은 11.9% 상승한데 반해 198㎡ 이상은 2.08% 상승에 그쳤다. 132~165㎡ 미만으로 크기를 낮춰도 마찬가지다. 3.12% 상승에 불과하다. 이렇게 소형 아파트의 매매가격 상승률이 높은 현상은 수도권에서 두드러지는데 고가 아파트가 즐비한 수도권에 내 집 마련을 해야 하니 규모를 줄이는 것으로 보인다.

권역별 · 규모별 아파트 매매가격 상승률 (단위 : %)

구분	전국	수도권	지방
전체	3.66	4.68	1.47
66㎡ 미만	8.83	11.9	0.57
66~99㎡ 미만	4.31	5.91	1.32
99~132㎡ 미만	3.48	4.51	1.37
132~165㎡ 미만	2.55	2.95	1.55
165~198㎡ 미만	3.12	3.16	3.00
198㎡ 이상	2.08	2.07	2.06

* 출처 : 부동산114(2016년 1~10월)

규모별 아파트 매매평균가격

구분	전국	서울
대형	7억 4,956만 원	14억 2,860만 원
중대형	4억 6,498만 원	7억 8,682만 원
중형	3억 519만 원	5억 3,683만 원
중소형	2억 131만 원	3억 8,435만 원
소형	1억 3,315만 원	2억 7,407만 원

*KB국민은행(2016년 10월)

Raw Data 국민은행 홈페이지 〉 KB부동산 〉 통계 〉 [월간] KB주택가격동향 〉 최근자료 클릭 〉 (월간)KB주택가격동향_통계표(2016.10) 다운 〉 규모별 APT 매매평균

갈아타기에 소요되는 비용이 큰 것도 소형 아파트의 인기를 부채질한다. KB국민은행 자료에 의하면 서울의 경우 구 30형 아파트에서 구 40형으로 갈아타기 위해서는 2억 4,000만 원에 가까운 자금이 필요하다. 전국적으로는 1억 5,000만 원에 가깝다. 현재에도 대출을 끼고 있는 세대에서 추가적으로 이 정도 자금을 마련해 중대형 아파트로 넘어가기는 어렵다. 아무래도 소형 아파트의 강세는 당분간 지속될 것으로 보인다.

| 아파트 |

이제 대단지
아파트가 오른다

―
08

대단지를 구분하는 기준은 사람마다, 지역마다, 단지마다 조금씩 다를 수 있지만 대략 1,000세대를 기준으로 한다. 사람들은 세대 수가 많은 아파트 단지를 선호한다. 2016년 상반기에도 대단지 아파트의 매매가격 상승률이 상대적으로 높다. 2015년 상반기와 같이 아파트 매매가격 상승률이 높았던 시기에는 이 차이가 더욱 컸다.

2016년 상반기 전국의 300세대 미만 아파트는 0.73% 상승한데 반해, 1,000~1,499세대 아파트는 1.05% 상승했다. 서울의 차이

2016년 상반기 세대별 아파트 매매가격 상승률

시점	2015년 상반기	2016년 상반기
300세대 미만	2.06	0.73
300~499세대	2.85	0.71
500~699세대	3.03	0.57
700~999세대	3.46	0.59
1,000~1,499세대	4.20	1.05
1,500세대 이상	3.77	1.61

* 출처 : 부동산114

는 더 크다. 300세대 미만이 1.21%, 1,000~1,500세대 미만 아파트는 2.48% 상승했다.

이렇게 아파트 단지 규모별로 매매가격 상승률이 다르게 나타나는 이유는 여러 가지다. 일단 대단지 아파트는 생활 편의시설이 잘 갖춰져 있다. 고령화시대에 가장 큰 장점일 것이다. 대단지는 상대적으로 관리비도 저렴하다. 거래가 빈번히 일어나니 시세정보가 비교적 정확하기 때문에 매수자 입장에서는 가격 파악이 쉽다는 장점도 있다.

수도권의 경우 1,500세대 규모의 아파트에 비해 300세대 규모의 아파트는 매매가격 상승률이 2배 정도 차이가 날 정도로 대단지 아파트의 매매가격 상승률이 높았다. 이에 반해 지방의 경우 1,500세대 이상을 제외하고는 대단지로 갈수록 매매가격 상승률

2016년 상반기 권역별 · 세대별 아파트 매매가격 상승률

지역	수도권	지방
300세대 미만	0.99	0.23
300~499세대	1.08	0.1
500~699세대	0.92	−0.07
700~999세대	1.09	−0.27
1,000~1,499세대	1.64	−0.18
1,500세대 이상	1.94	0.53

* 출처 : 부동산114

이 오히려 마이너스를 기록했다.

　지방의 경우 대단지는 곧 공급과잉을 의미하기에 입주 시 오히려 가격이 하락하는 경우도 많고, 대단지가 대형건설사 브랜드 아파트가 아닌 경우도 많기 때문인 것으로 추정된다. 따라서 대단지 아파트를 선택할 때도 지역에 따른 선호를 살펴야 할 것이다.

미분양보다 중요한
준공 후 미분양을 확인하라

—
09

2만 8,000호(2015년 4월)까지 떨어졌던 미분양주택이 2016년 10월 현재 5만 8,000호 수준으로 다시 증가했다. 2009년 3월 금융위기를 겪고 있을 당시 전국의 미분양 아파트는 16만 6,000세대였으니 현재는 3분의 1 수준이다. 미분양주택이란 팔리지 않아 주인을 찾지 못한 주택을 의미한다. 정확하게는 분양을 개시하여 입주자를 모집했을 때 매매계약이 체결되지 않은 아파트 일체를 뜻한다. 미분양아파트는 쉽게 이야기하면 재고다. 재고는 재고인데 불량재고다. 주택사업자는 미분양주택 수를 정확하게 신고할 동인은

준공 후 미분양주택 수 추이

구분	2015년 10월	2016년 10월	증감
미분양주택	3만 2,221세대	5만 7,709세대	2만 5,488세대
준공 후 미분양주택	1만 792세대	1만 879세대	-87세대

* 출처 : 부동산114

없지만, 축소 신고할 동인은 크다. 미분양주택이 없다면 분양 아파트 단지가 경쟁력이 있다는 말이기 때문이다.

2만 8,000호까지 떨어졌던 미분양주택 수가 2배 수준으로 증가했다고 걱정이 많다. 하지만 분양하는 주택이 많으면 미분양이 증

지역별 미분양주택 수

지역	2015년 10월	2016년 10월	증감
전국	3만 2,221세대	5만 7,709세대	2만 5,488세대
서울	264세대	283세대	19세대
경기	1만 2,510세대	1만 4,594세대	2,084세대
부산	1,191세대	1,168세대	-23세대
대구	121세대	1,135세대	1,014세대
인천	2,802세대	2,830세대	28세대
광주	269세대	877세대	608세대
대전	552세대	730세대	178세대
울산	89세대	526세대	437세대

* 출처 : 국토부

Raw Data 국토교통부 홈페이지 〉 국토교통뉴스 〉 보도자료

가하는 것은 당연하다. 분양 물량과 함께 미분양주택 수를 함께 살펴야 한다. 진짜 미분양주택 수를 알고 싶다면 준공 후 미분양을 살피는 것이 좋다. 준공 후 미분양주택이란 '악성 미분양'으로 언급되는 통계로서 준공이 되었음에도 불구하고 분양되지 않은 잔여세대를 말한다. 준공 후 미분양주택은 그 세대수도 많지 않으며 분양 초기에 발행하는 미분양과는 다르게 주택사업자들이 예민하게 반응하지는 않는 것으로 보인다. 따라서 왜곡의 가능성이 상대적으로 낮은 것으로 추정된다. 현재 준공 후 미분양은 1만 세대 내외다. 2014년 2만 세대부터 지속적으로 감소해왔다. 따라서 지금 부동산시장은 비교적 건강하다고 진단할 수 있다.

지난 1년 동안 미분양주택이 가장 많이 증가한 곳은 경기도다. 다음은 대구, 광주 순이다.

미분양주택 수는 규모별 현황을 살피는 것이 중요하다. 많다고 다 나쁘지 않고 적다고 다 좋은 것은 아니라는 뜻이다. 대형 아파트의 미분양이 많으면 이는 악성 미분양으로 오랜 기간 남아 있을

규모별 미분양주택 수

지역	소계	60m² 이하	60 ~ 85m²	85m² 초과
전국	5만 7,709세대	9,363세대	4만 756세대	7,590세대
비중	100%	16.2%	70.6%	13.2%

* 출처 : 국토부

가능성이 높다. 입주 후까지 영향을 미쳐 분양가 이하의 매매가격으로 굳어지는 원인이 된다. 다행히 2016년 10월 현재 전체 미분양의 86.8%가 전용 85㎡ 이하(구 30평대)이기 때문에 크게 우려할 상황은 아니다.

새것에 대한 욕망이
낡은 것의 가격을 올린다

10

새 아파트의 인기가 계속될 수밖에 없는 이유는 아파트라는 상품이 가진 본질 때문이다. 아파트는 단독주택과는 다르게 노후도가 빨리 진행되고 부분 보수를 통해 사용하기에는 한계가 있다. 단독주택의 경우 오랜 기간이 지나도 관리를 잘하면 새 집이나 마찬가지다. 오히려 마당 같은 건물 외 부분에 대한 관리가 더 중요하다. 그리고 단독주택이 대부분의 주거형태인 선진국의 경우 집을 고치고 유지시키는 것이 취미인 가장이 많다. 귀가하면 하루 종일 집안에서 아무것도 하지 않는 국내와는 다르게 외국의 가장들은 단독주택을 유지, 관리하기 위해 여러 가지 일을 한다. 단독주택에 살면 부지런해질 수밖에 없다. 시시각각 집의 상태와 환경이 변하니 꾸준히 움직여야 한다.

새 아파트의 인기는 지속될 것이다. 이것이 또한 재건축·재개발 아파트의 투자 매력도를 높일 것이다. 향후 5~10년은 재건축·재개발 아파트가 부동산시장을 주도할 것으로 본다. 새 아파트와 재건축·재개발 아파트를 투자 측면에서 연결시키기에는 다소 이상한 점이 있지만 여기에 감춰진 또 하나의 진실은 고령화다.

대도시에 있는 대부분의 아파트들은 낡았다. 우리나라 아파트의 두드러진 특징 중의 하나는 비슷한 시기에 대규모로 지어졌다는 것이다. 2013년 국토부의 자료에 의하면 전체 분양주택에서 21년 이상된 공동주택의 비중은 23.5%나 된다. 16년 이상의 공동주택까지 포함하면 무려 45.9%다. 세대수로 집계하면 370만 호로 신규분양 물량(30만 호)의 12배가 넘는다. 따라서 새 아파트에 살고 싶다면 새로 지어지는 도시 외곽의 신도시로 가야 한다.

새로 조성되는 도시의 초기 주거여건이 나쁘다는 것은 널리 알려진 사실이다. 우리는 아파트를 지은 후 생활편의시설과 인프라를 구축하기 때문이다. 먼지가 폴폴 날리고 차를 타고 나가야만 장을 볼 수 있는 환경이 전형적인 초기 신도시의 모습이다. 생활 인프라의 부족으로 우리나라 대표 도시인 서울의 삶의 질이 전 세계

221개 도시 중 80위 수준에 불과하니 신도시는 오죽하겠는가?★ 모든 편의시설이 잘 갖춰져 있고, 지인들이 주변에 있으며, 문화 자원을 향유하기 위해서는 재건축·재개발 아파트를 선택할 수밖에 없다. 이미 대도시 도심에 공급되는 대부분의 아파트는 재건축·재개발 사업의 부산물이기 때문이다.

재건축·재개발은 고령화시대에 좋은 투자수단

고령화시대는 많은 것을 바꿔놓는다. 젊은 시절 경치 좋고 물 맑은 시골을 방문하면, 나중에 나이 들면 이런 곳에서 살아야겠다고 마음을 먹지만 현실이 되면 정반대의 선택을 한다. 도심을 떠나고 싶지 않은 것이 노인의 진짜 마음이다. 또한 노인은 저층 아파트를 좋아할 것 같지만 꼭 그런 것도 아니다. 고층아파트를 좋아한다. 노인은 불안해서 저층은 싫어한다. 고령화시대에 투자를 하기 위해서는 노인의 생각을 잘 읽어야 한다.

노인들은 대도시를 떠나기 싫어한다. 도시 내에서도 도심을 떠나기 싫어한다. 각종 편의시설이 있고 북적되는 곳을 선호한다.

★ 조판기 외(2013), "생활 인프라 실태의 도시 간 비교분석 및 정비방안", 국토연구원

사용년수별 분양주택 현황(전국)

계	5년 이하	6~10년	11~15년	16~20년	21년 이상
812만 6,000세대	119만 세대	154만 6,000세대	165만 7,000세대	182만 6,000세대	190만 7,000세대

* 출처 : 국토부(2013년)

Raw Data 국토교통부 홈페이지 〉 국토교통통계누리 〉 주택 〉 행정자료 〉 공동주택현황 〉 사용년수별 공동주택

특히 의료시설을 생각하면 정말 도심을 떠나고 싶지 않을 것 같다. 우리나라 사람들은 대형 병원을 선호하다 보니 대형 병원의 존재 여부에 따라 주거지역을 결정하는 경향도 크다. 대형 병원이 어디 있는가. 도심 그것도 도심의 한복판에 있다.

일본도 마찬가지다. 노인대국인 일본에는 대기노인(待期老人) 문제가 고민거린데, 복지시설에 들어가고자 기다리는 노인을 일컫는다. 대기노인은 2010년 일본사회에서 유행어로 꼽힐 만큼 화제였는데 2015년 기준으로 52만 명 수준이다. 대기노인 문제가 해결되지 않는 것은 복지시설이 부족한 탓도 있지만 노인들이 도시의 복지시설을 선호하는 것도 중요한 원인이다. 부동산가격이 높은 수도권에 돈이 안 되는 노인복지시설을 새롭게 짓는 것은 불가능하기 때문에 지역에 따른 수급불일치가 진짜 문제라는 것이다.

3.3㎡당 5,000만 원에 가까운 분양가의 이면에는 고령화와 도심, 새 아파트에 대한 기대가 감춰져 있다. 이 3가지 주제를 이해

하지 못하면 재건축·재개발 아파트의 열풍을 받아들이기 힘들 것이다. 강남 재건축 아파트의 호황을 바탕으로 다른 지역으로까지 투자를 확대하는 것은 위험하다.

강남 재건축 열풍, 수도권으로 확산은 안 된다

㈜한국건설산업연구원은 2016년 상반기 국내 부동산시장의 주요 이슈로 자리매김한 '강남 재건축 열풍'이 수도권 전역으로 확산될 가능성은 없다는 분석을 내놓았다. 2016년 상반기 수도권의 재건축 대상 아파트의 매매가격이 4.02% 상승하는 등 주목받고 있지만 이는 경기도 과천시, 서울 송파구에 국한된 것으로 규정하고 수도권 전역으로 확산될 가능성에 대해서는 부정적으로 보았다.

수도권의 재건축 대상 아파트는 고령화, 도심이라는 주제를 벗어나 있다. 저층 재건축 아파트가 소진된 상황에서 만만치 않은 부담금을 감수하면서까지 서울 외곽의 오래된 아파트를 재건축하려는 수요는 많지 않을 것이다. 최근 열풍으로까지 이야기되는 강남 재건축의 본질을 제대로 이해할 필요가 있다는 말이다.

2015년 경기도의 재건축 아파트의 매매가격 상승률은 9.54%로 서울의 8.94%보다 높았지만 2016년 들어 힘이 빠지는 모양새다. 지난 10월까지 서울은 16.55% 상승했지만, 경기도는 12.36% 상승하여 역전되었다. 앞으로 이런 추세는 더 확대될 것으로 보인다. 물론 거점 지역별 도심이 존재하고 이 도심을 중심으로 한 재건축 아파트의 가격 상승이 있겠지만 서울 도심을 대신하기에는 매력이 떨어진다.

재건축 이슈로 지방광역시는 다시 상승세로

전체 분양 물량에서 재건축 · 재개발 아파트 물량이 차지하는 비중은 계속 증가하고 있다. 2015년 10%대에서 2016년 20%대로 2017년에는 무려 30%대가 될 것으로 예상된다. 지방의 대도시들도 이제는 재건축 · 재개발 사업 없이는 도심에서 아파트를 공급할 수 없다. 따라서 도시가 크면 클수록, 도시 형성의 기간이 길면 길수록 재건축 · 재개발 사업의 비중은 늘어날 수밖에 없다.

이렇게 지방의 대표적인 광역시들이 재건축 · 재개발 열풍에 휩싸이면 현재의 서울 강남과 마찬가지로 부동산시장의 호황이 예상된다. 물론 국지적이고 상품별로 차이는 보이겠지만 지금보다는 좋은 부동산시장의 환경이 조성될 것으로 보인다.

2017년 지방광역시 재건축·재개발 사업 예상 분양비중

구분	전체 분양 물량	재건축·재개발 분양 물량	재건축·재개발 비율
전국	10만 9,743호	4만 3,669호	39.8%
서울	1만 3,888호	9,808호	70.6%
경기	3만 5,049호	6,233호	17.8%
부산	1만 2,933호	9,493호	73.4%
대구	4,577호	1,234호	27.0%
인천	3,021호	1,204호	39.9%
광주	2,269호	1,695호	74.7%
대전	3,237호	3,237호	100%

* 출처 : 부동산114

부동산가격을
끌어올리는 재건축

11

오래된 것은 낡고 불편하고 힘들다. 하지만 새것은 신선하고 깔끔하며 뭔가 좋을 것 같은 느낌이 든다. 특히나 우리가 대부분의 생활을 영위하는 주택은 새것일수록 좋다. 아파트가 고급 주거문화인 우리는 오래된 아파트보다는 새 아파트를 좋아할 수밖에 없다. 아파트와 같은 공동주택은 공용공간의 노후도가 급격하게 진행되다 보니, 전용공간을 아무리 깨끗하게 고치고, 청결하게 유지해도 시간이 지나면 낡아 거주하기 불편하다.

새 아파트가 인기 있으니 재건축·재개발이 주목받는다. 참으로 모순된 이야기지만 현실에선 정답이다. 정부에서 공식적으로 인정한 한국감정원의 통계를 보자. 2015년 1월부터 2016년 10월의 기간 동안 전국 아파트 매매가격은 5년 이하 아파트가 4.12%의 상승률을 보인데 반해 20년 초과 아파트는 6.26% 상승했다. 단순히 낡았기 때문에 가격이 오른 것일까? 그건 정말 말도 안 되는 소리다. 부동산상품 중에 소비재로서의 성향이 가장 두드러지는 아파트의 경우 시간이 지날수록 제구실을 못하는 것이 당연하다. 회계상으로도 이를 감가상각으로 반영해서 시간이 지날수록 자산 가치를 떨어뜨린다.

단순히 낡았기 때문에 아파트가 오른 것은 아니라는 주장은 권역별 매매가격 상승률을 살펴보면 증명이 된다. 수도권의 경우 5년 이하 아파트는 4.85% 상승했으나, 20년 초과 아파트는 무려 9.17% 상승했다. 하지만 재건축·재개발 이슈가 없는 지방은 다음 표에서와 같이 연령별 매매가격 상승률에 큰 차이가 없다. 2016년 하반기 분양 아파트의 90% 이상이 재건축·재개발 아파트인 서울과는 다르게 지방의 분양아파트는 신규 아파트인 경우가 많다. 낡았다는 이유 하나만으로는 주목받지 못한다는 말이다. 노후 아파트의 가격 상승에는 재건축·재개발 이슈가 감춰져 있다는 말이다. 참고로 서울의 같은 기간, 같은 연령대의 아파트 매매가격 차이는 4.29% 대 11.2%다. 현재 서울의 재건축·재개발

전국 아파트 연령별 매매가격 상승률　　　　　　　　　　　　　(단위 : %)

구분	전국	수도권	지방권
5년 이하	4.12	4.85	3.45
5년 초과 ~ 10년 이하	4.26	5.55	3.06
10년 초과 ~ 15년 이하	5.11	6.58	3.13
15년 초과 ~ 20년 이하	4.95	7.63	2.80
20년 초과	6.26	9.17	3.59

* 출처 : 한국감정원(2015년 1월 ~ 2016년 10월)

Raw Data 한국감정원 홈페이지 〉부동산통계정보 〉부동산통계 〉전국주택가격동향조사 〉
월간동향 〉아파트 〉매매가격지수 〉연령별 매매가격지수

아파트가 가장 주목받는 현실이 그대로 반영되어 있다.

이는 전국적인 현상인데 재건축 사업 이슈가 가장 주목받는 강
남 4개구의 경우 5년 이하 아파트의 매매가격 상승률은 7.83%이
나 20년 초과 아파트는 14.01%로 가장 큰 차이를 보였다. 반대로
세종시의 경우 3.82% 대 −5.57%로 오히려 정반대의 현상이 벌어
진다. 세종시의 경우 노후아파트가 거의 없을 뿐더러 있다고 하더
라도 재건축 이슈를 이야기하기에는 너무 빠르다.

재건축 · 재개발 아파트가 주목받지 못했던 2012년에서 2013
년 동안에는 전국의 5년 이하 아파트 매매가격은 3.35% 떨어졌으
며, 20년 초과 아파트는 2.56% 떨어져 연령별 아파트의 매매가격
상승률에 큰 차이가 없었다. 같은 기간 동안 서울의 경우 각각

지역별 연령별 아파트 매매가격 상승률

지역별	서울 강남 4구	세종시
5년 이하	7.83	3.82
5년 초과 ~ 10년 이하	6.86	-2.56
10년 초과 ~ 15년 이하	6.34	-8.35
15년 초과 ~ 20년 이하	8.73	-0.1
20년 초과	14.01	-5.57

* 출처 : 한국감정원(2015년 1월~2016년 10월)

Raw Data 한국감정원 홈페이지 〉 부동산통계정보 〉 부동산통계 〉 전국주택가격동향조사 〉 월간동향 〉 아파트 〉 매매가격지수 〉 연령별 매매가격지수

7.76% 하락, 10.53% 하락하여 오히려 오래된 아파트의 매매가격이 더욱 약세를 보였다.

재건축·재개발 이슈는 저금리, 유동성과 함께 현재의 부동산 시장을 움직이는 가장 큰 변수가 되고 있다. 재건축 대상 연한(30년)에 가까워지는 노후 아파트가 상당하기 때문에 재건축·재개발 아파트의 분양 비중은 계속 늘어날 것이다. 이 아파트들은 투자자들의 주목을 받으면서 주변 아파트 시세를 끌어올리는 역할 또한 수행할 것이다.

앞으로 10년은
재건축 시대다

2016년 주택시장은 재건축을 빼고는 이야기하기 힘들다. 2016년 1~10월 간 전국 아파트 매매가격은 3.62% 상승했다. 재건축 아파트만을 별도로 계산하면 같은 기간 매매가격 상승률은 14.84%로 전체 아파트 평균보다 4.1배나 높다. 서울의 재건축 아파트 상승률은 16.52%로 전국 평균보다 더 높다. 재건축사업이 본격화되는 서울의 상승률이 전국 상승률을 상회하는 것은 당연하다.

이러한 현상은 2014년부터 서서히 시작된 것으로 보인다. 그러다 2016년에는 전체 아파트의 매매가격 상승률보다 재건축 아파

사업별 아파트 매매가격 상승률

구분	2014년 (1~10월)	2015년 (1~10월)	2016년 (1~10월)
전체 아파트	2.77%	5.49%	3.62%
재건축 아파트	6.28%	8.82%	14.84%

* 출처 : 부동산114

권역별 아파트 매매가격 상승률

구분	2014년 (1~10월)	2015년 (1~10월)	2016년 (1~10월)
수도권	2.09%	5.26%	4.63%
지방	4.31%	5.98%	1.43%

* 출처 : 부동산114

트의 매매가격 상승률이 4배 이상 높아지는 현상이 발생했다.

이러다 보니 수도권과 지방의 아파트 매매가격 상승률의 차이는 크다. 수도권을 제외한 지방의 매매가격 상승률은 1%대에 그친다. 수도권은 4.63% 상승했다. 2014년과 비교하면 완전히 다른 패턴이다. 당시에는 지방의 상승률(4.31%)이 더 높았다. 아직 재건축·재개발 사업이 활성화되지 않은 지방의 경우 당분간은 침체 국면을 보일 것으로 예상된다. 하지만 계속적으로 늘어나는 재건축·재개발 사업 비중은 지방 부동산시장에도 긍정적인 영향을 미칠 것으로 보인다.

2016년 재건축 · 재개발 사업 예상 비중

구분	분양 물량	재건축 · 재개발 분양 물량	비중
서울	5만 6,669호	5만 1,127호	90.20%
부산	2만 7,269호	1만 277호	37.70%
대구	1만 4,726호	2,178호	14.80%
인천	2만 3,182호	5,833호	25.20%
광주	1만 734호	1,764호	16.40%
대전	5,289호	509호	9.60%
울산	9,863호	879호	8.90%

* 출처 : 부동산114

2015년 30%대에 머물렀던 부산의 재건축 · 재개발 분양 물량은 2016년 들어서는 40%에 육박하고 있다. 일시적으로 재건축 · 재개발 분양 물량이 줄어든 광주★를 제외하고는 6개 광역시 모두에서 비중이 늘어나고 있다. 적게는 0.9%p(부산), 많게는 18.2%p(인천)나 된다.

6개 광역시 중 아파트 매매가격 상승률이 가장 높았던 곳은 부산(8.33%)이다. 40%에 육박하는 재건축 · 재개발 분양 비중이 그 이유일 듯싶다. 부산 재건축 아파트의 3.3㎡당 매매가격 또한 광

★ 광주광역시의 재건축 · 재개발 분양 물량 비중은 17.6%(2015년)에서 16.4%(2016년)로 줄었다. 하지만 현재까지의 추정에 의하면 2017년에는 더욱 증가하게 된다.

역시 중에서는 가장 높은 1,079만 원 수준이다.

2014년부터 시작된 재건축, 재개발 아파트의 강세가 2016년에 절정에 다다른 느낌이다. 하지만 정부의 부동산 정책과 도심을 원하는 주택수요자의 선호를 고려하면 도심의 재건축, 재개발 아파트의 가격은 더 오를 것이다. 강남과 함께 여의도, 서대문 등 중심가로 이동이 용이한 곳의 재건축, 재개발 지역에 관심을 기울이자. 지방의 경우 여전히 재개발사업이 대부분인데 원도심의 연립주택이 유망할 것이다.

수도권 오피스텔의
공급 증가

13

아파트 분양시장의 호황으로 오피스텔 공급량 또한 급격히 늘어나고 있다. 2015년에는 2002년 11만 7,000세대가 넘는 분양 물량 이후 가장 많은 6만 6,000세대의 오피스텔이 분양되었다. 2016년에도 이러한 추세가 이어지고 있는데 2016년 10월 현재 6만 4,000세대가 넘는 오피스텔이 분양되었다. 연말까지 최근 5년(2011~2015년) 평균 분양 물량인 4만 6,000세대를 훌쩍 넘을 것으로 보인다.

오피스텔 분양 물량의 대부분은 수도권이다. 지난 5년간 적게는 53.7%가 많게는 74.7%가 수도권의 물량이었다. 이는 오피스

연도별 수도권 오피스텔 분양 물량 (단위 : 세대)

연도별	2011년	2012년	2013년	2014년	2015년	2016년
분양 물량	35,249	47,778	39,294	44,415	66,042	64,844
수도권 물량	24,167	27,735	21,095	25,983	47,781	48,461
수도권 비중	68.6%	58.0%	53.7%	58.5%	72.3%	74.7%

* 출처 : 부동산114(2016년 10월)

텔이 주로 역세권에서 분양되면서 주거와 업무가 혼재되어 있기 때문이다.

수도권 중에서도 경기도와 인천의 분양 물량이 많다. 경기도에서는 2015년과 2016년 분양 물량이 많았던 곳은 고양시, 화성시, 하남시다. 고양시는 삼송지구, 화성시는 동탄 신도시, 하남시는 미사지구 등이 대표적인데, 아파트 분양시장의 호황이 오피스텔 분양까지 연결된 것으로 보인다.

경기도 등 서울 외곽지역에도 오피스텔 분양이 많았던 이유는 서울의 전세난이 영향을 미친 것으로 보인다. 전세를 대체할 수 있는 전용면적 60~85㎡ 규모의 오피스텔 분양 물량이 경기도는 2015년 14.1%로 전국 평균인 9.0%보다 높았다. 소위 아파텔이라는 규모가 조금 큰 오피스텔로 서울의 전세난으로 이동하는 수요를 흡수하려는 시도였다.

따라서 오피스텔에 투자하려면 전세수요를 받아줄 수 있는 역

경기도 분양 상위지역　　　　　　　　　　　　　　　　　　　　(단위 : %)

구분	2015년	2016년
고양시	3,760	5,818
화성시	2,779	2,191
하남시	5,286	4,450

* 출처 : 부동산114(2016년 10월)

세권의 20평형대 이상의 아파텔이 유망할 것으로 보이며, 서울 전
세가율 상승에 따른 이전 수요를 흡수할 수 있는 교통여건이 양호
한 수도권 지역을 살펴야 할 것이다.

아파트의 대안이 된
오피스텔

14

오피스텔 공급과잉은 곳곳에 부정적인 영향을 드리운다. 특히 서울 강서구 마곡지구는 심각하다. 마곡지구 내 상업용지(7만 2,473㎡)는 100% 민간에 팔렸는데 이 용지의 약 80%가 오피스텔로 개발되었다. 업무용지(30만 5,846㎡) 또한 절반이 매각된 가운데 90%가 주거용 오피스텔 용도로 팔렸다.

산업단지가 제대로 된 모습을 갖추기까지 2년 내외가 남았는데 오피스텔 입주는 이미 본격화되고 있다. 2016년 전국에서 4만 843세대의 오피스텔이 입주하는데 이중 절반 가까운 물량(1만

2016년 서울 오피스텔 입주물량

구분	전국	서울	강서구	마곡동
입주물량	4만 1,821호	1만 8,147호	7,602호	6,974호
전국 대비 비중	100%	43.39%	18.18%	16.68%

* 출처 : 부동산114

8,147세대)이 서울에 집중된다. 서울 내에서도 지역 집중 현상은 심각한데 강서구에 7,602세대 그중 마곡동에 무려 6,974세대가 입주한다. 마곡이라는 서울의 한 동에 집중된 오피스텔 입주물량이 전국 입주물량에서 차지하는 비중이 무려 16.68%에 이른다.

짧은 기간에 많은 오피스텔이 입주하면서 임대료는 낮게 형성되어 있다. 오피스텔 분양 초기 사업자들이 주장했던 70~80만 원보다 훨씬 낮은 50~60원대 수준에 임대료가 형성되어 있다. 하지만 세입자를 구하지 못한 오피스텔이 늘어나면서 이 임대료를 받는 것마저 쉽지 않다. 2016년 10월 기준으로 마곡동 오피스텔의 임대수익률은 4.15%로 급격히 떨어졌다.

동별로 내려가지 않더라도 오피스텔 연간수익률이 4%로 추락한 곳은 쉽게 찾아볼 수 있다. 4.17%인 성북구를 비롯하여 많은 구가 4%대의 임대수익률을 보여준다. 수익률이 낮은 곳은 대부분 부동산가격이 높은 곳이다. 주변시세가 높으니 분양가를 높였고 이렇게 높아진 분양가가 임대수익률을 떨어뜨린 것으로 추정할

서울 오피스텔 연간 임대수익률

구별	성북구	송파구	양천구	용산구	종로구	강남구
연간 임대수익률	4.17%	4.54%	4.61%	4.72%	4.90%	4.88%

* 출처 : 부동산114(2016년 7월)

수 있다.

서울에서 연간 임대수익률이 가장 높은 곳은 강북구와 동대문구, 금천구로 거의 6%대에 육박한다. 지식산업센터가 몰려 있는 금천구는 탄탄한 수요가 뒷받침되면서 분양가 또한 높지 않다. 2015년 기준으로 금천구 오피스텔 분양가는 3.3㎡당 1,000만 원이었다. 2015년 오피스텔 분양가가 금천구보다 낮은 지역은 단 3곳에 불과했다. 금천구와 인접하면서 지식산업센터가 몰려 있는 구로구(939만 원), 은평구(985만 원) 그리고 강북구(990만 원)였다. 오피스텔 분양가가 연간 임대수익률에 영향을 미친 것으로 파악된다.

지방광역시 오피스텔 연간 임대수익률 또한 떨어지고 있다. 2016년 1월 들어 4%대로 떨어진 울산처럼 대부분의 지방광역시는 5%대의 임대수익률을 보였다. 그나마 광주(6.7%)와 대전(7.2%)이 선전 중이다. 부산도 연간 임대수익률이 좋지 않은데, 부동산 가격이 높은 금정구(5.07%)와 해운대구(5.0%)가 낮은 점 등은 서울과 비슷한 논리가 적용된다. 높은 가격에 분양한 오피스텔이 입주

지방광역시 오피스텔 연간 임대수익률

지역	부산	대구	인천	광주	대전	울산
연간 임대수익률	5.38%	4.79%	6.05%	6.73%	7.17%	4.73%

* 출처 : 부동산114(2016년 10월)

하면서 임차인 모집에 어려움을 겪고 자연스럽게 공실을 줄이기 위해 월세를 낮춘 것으로 보인다.

오피스텔의 연간 임대수익률은 떨어지지만 매매가격에는 큰 영향을 미치지 않는다. 오피스텔의 임대수익률이 하락하면 매매 가격 또한 하락해야 정상이지만 2016년 들어 10월까지 오피스텔 매매가격은 1.71% 상승했다. 서울과 경기는 각각 2.34%, 1.89% 상승하여 전국 상승률을 추월했다.

사상 초유의 저금리와 시중 유동성 증가 그리고 고령화에 따른 이른 은퇴 등이 겹치면서 4%대의 수익률도 감수하려는 투자자들 이 증가하고 있다. 마곡지구의 경우에도 예상했던 수익률을 달성 하지 못하고 공실의 위험이 상존하지만 개발이 완료되어 안정적 인 수익이 발생하기 전에 오피스텔 매물을 선점하려는 수요도 적 지 않다. 입지가 좋은 지역의 오피스텔 임대인들의 경우 조금만 버티면 된다는 생각에 매물을 시중에 내놓지 않는다. 임대수익률 이 낮아지더라도 현재의 저금리는 꾸준히 수요층을 늘려놓을 것 이다. 따라서 당분간 임대수익률 하락, 매매가격 소폭 상승과 같

규모별 오피스텔 분양 물량

규모별	분양 물량	비중
20㎡ 미만	7,556세대	13.30%
21~40㎡	3만 4,047세대	60.00%
41~60㎡	8,697세대	15.30%
61~85㎡	6,405세대	11.30%
85㎡ 이상	23세대	0.00%
합계	5만 6,728세대	100.00%

* 출처 : 부동산114(2016년 10월)

은 왜곡된 현상은 지속될 것으로 보인다.

오피스텔을 투자하겠다면 평형 선택이 중요하다. 수익률을 높이는 차원에서 투자한다면 누가 뭐래도 소형이 유리하다. 규모가 커지면 매입가격도 올라가고, 취득세 및 재산세 그리고 관리비 등 투자의 부대비용도 늘어난다. 다만 최근 60㎡ 이상 중형의 가치가 높아지고 있음에 주목하기를. 실제로 2015년 수도권에서 분양한 오피스텔의 청약경쟁률이 중대형 면적에서 가장 높게 나타났다. 중대형 오피스텔은 아파트의 대체상품이다. 분양가상한제 폐지로 인해 아파트의 분양가격은 계속 상승하고 있다. 저렴한 중형 오피스텔은 충분히 대안이 될 수 있다. 특히 희소성에서 그 가치가 더욱 높다고 보여진다. 2016년 1~10월 동안 분양한 오피스텔 물량에서 전용면적 61㎡가 넘는 면적은 11.3%대에 불과했다.

대부분이 21~40㎡(60%) 규모로 분양한다.

오피스텔에 투자한다면 아파텔이 대안이 될 수 있고, 특히 대단지의 주상복합아파트와 함께 지어지는 오피스텔 또한 좋은 상품이다. 아파트가 가지는 편의시설을 함께 향유할 수 있으며, 아파트의 가격 상승 효과까지 덤으로 얻을 수 있기 때문이다. 실제 2000년 초 주상복합과 함께 분양한 오피스텔을 매입한 투자자들이 상당한 시세 차익을 얻었던 사례가 있으며, 최근 서울에서 분양하는 주상복합도 이러한 흐름을 따라가고 있다. 물론 분양가는 꼼꼼하게 따져봐야 한다.

오피스텔 분양가는 올랐으나
매매가 상승률은 높지 않다

15

2016년 10월 현재 전국 오피스텔 분양가는 3.3㎡당 895만 원이다. 이는 2015년 816만 원에 비해 9.6% 올랐다. 지역별로는 차이를 보였는데 서울(23.5%)과 대구(19.2%), 울산(27.8%)의 상승률이 높았다.

아파트는 분양가가 적정한지 여부를 평가할 때 주변 시세(매매 가격)와 비교한다. 오피스텔 분양가를 주변의 매매가와 비교하면 적정한 수준에서 유지되는 걸 확인할 수 있다. 분양가는 매매가에 비해 작게는 1% 많게는 13% 정도 비싸다. 오피스텔 또한 분양에서 입주까지 대략 2년 내외의 시간이 소요되는 점 등을 고려하면

지역별 오피스텔 분양가   (단위 : 3.3㎡당 만 원)

기간별	전국	서울	부산	대구	인천	광주	울산
2015년	816	1,279	789	718	749	559	641
2016년	895	1,579	783	856	784	428	820
상승률	9.6%	23.5%	−0.7%	19.2%	4.6%	−23.4%	27.8%

* 출처 : 부동산114

오피스텔 분양가/매매가 비교   (단위 : 3.3㎡당 만 원)

구분	2013년	2014년	2015년	2016년
분양가	778	870	812	895
매매가	770	773	785	801
배율	1.01배	1.13배	1.04배	1.12배

* 출처 : 부동산114

지역에 따라 차이가 있겠지만 이 정도의 분양가격은 적절한 수준인 것으로 평가된다.

서울의 경우 다소 높았던 분양가가 2016년에는 대폭 올랐음을 알 수 있다. 매매가(1,021만 원)보다 무려 550만 원 높게 분양가(1,579만 원)가 책정되었다. 경기 지역의 경우에는 과거 높았던 분양가가 최근 안정화되고 있음을 알 수 있다.

분양가가 높아진 이유는 대형건설사가 참여하면서 브랜드 오피스텔이 느는 것과 함께 특정 지역에 공급이 집중되었기 때문으로 보인다. 2016년에는 강서구, 강남구, 용산구 등 3개구에서 분양된

구분	2014년					2015년					
	전체	분양 물량 상위 지역				전체	분양 물량 상위 지역				
		강서구	마포구	용산구	소계		강서구	은평구	마포구	송파구	소계
세대	17,234	9,350	1,014	1,237	11,601	14,069	1,666	1,440	2,733	3,355	9,194

* 출처 : 부동산114

물량이 전체 물량에서 차지하는 비중이 49.2%였다. 2015년에는 강서구, 마포구, 송파구에서 분양된 물량의 합계가 전체 분양 물량에서 53.4%를 차지했다. 2014년의 지역 집중 현상은 더욱 심각한데 강서구 한곳에서 분양된 물량이 서울 전체 물량의 54.3%였다. 특히 강서구에서도 마곡지구로 알려진 마곡동 단 한군데에서 분양한 물량이다.

서울 시내 마지막 개발구역인 마곡지구는 산업단지 조성과 함께 역세권이라는 입지적 장점으로 엄청나게 많은 물량이 분양에 들어갔다. 지난 3년간 강서구에서 분양된 물량은 모두 1만 2,000 세대가 넘고 서울 전체 분양 물량의 30%나 차지한다. 입주가 시작되는 2016년부터 임차인 확보에 어려움을 겪고 있는 것은 이러한 지역집중 현상이 크게 작용했기 때문이다. 강서구 마곡동의 경우 추후 LG 등 기업체가 들어오면 유입인구가 늘어 현재의 어려움은 해소될 것으로 보인다.

전국 오피스텔 매매가격 상승률　　　　　　　　　　　　　　　(단위 : %)

지역별	2015년				2016년		
	1분기	2분기	3분기	4분기	1분기	2분기	3분기
전국	0.34	0.52	0.46	0.35	0.38	0.47	0.48
서울	0.42	0.53	0.39	0.37	0.65	0.32	1.04
경기	0.83	0.61	1.25	0.44	0.59	0.80	0.13

* 출처 : 부동산114

　　매매가격과 비교한 오피스텔 분양가는 높진 않다. 하지만 이는 오피스텔 매매가격 상승률이 낮기 때문에 발생하는 현상일 수 있다.

　　2016년 들어 10월까지 전국 오피스텔 매매가격은 1.71% 상승했다. 같은 기간 아파트의 상승률이 3.96%이니 절반도 안 된다. 서울의 상승률 차이는 더 컸다. 같은 기간 서울의 아파트 매매가격 상승률은 7.43%인데 반해 오피스텔은 2.34%에 그쳤다. 경기도는 큰 차이가 없다. 아파트는 2.72% 상승했고 오피스텔은 1.89% 상승했다. 대부분의 지역에서 아파트의 상승률이 오피스텔보다 높게 나타났다.

　　최근 분양, 입주하는 오피스텔의 대부분은 원룸이다. 따라서 오피스텔 매매가격 상승률은 소형 아파트와 비교하는 것이 더욱 정확하다. 전용면적 60㎡ 이하의 전국 아파트 매매가격 상승률은 3.61%이며, 서울과 경기는 각각 6.92%, 2.44%다. 비슷한 규

2016년(1~10월) 규모별 아파트 매매가격 상승률 비교

지역별	60㎡ 이하	60~85㎡ 이하	85㎡ 초과
전국	3.61	4.73	3.48
서울	6.92	9.34	6.82
경기	2.44	4.34	2.52

* 출처 : 부동산114

모의 아파트와 비교한 오피스텔의 매매가격 상승률은 더욱 낮아 보인다.

따라서 오피스텔을 시세차익보다는 월세수익의 안정성 여부를 따져 투자해야 한다.

온전한 내 것에 대한
욕망에 사로잡히다

—
16

부동산 투자자의 마지막 재테크는 대개 빌딩이다. 빌딩에 주목하는 이유는 여러 가지다. 다른 투자 상품에 비해 운영수익은 떨어지지만 시세차익과 심리적인 요인 등에서 장점이 많기 때문이다. 폼이 나는 것도 있는 것 같다. 최근 빌딩에 투자하는 금액대가 낮아졌다고는 하지만, 소위 자산가라는 분들이 가장 많이 투자할 것이다. 아파트 몇 채, 상가, 토지 등으로 투자하다 보면 관리도 힘들고 불편하다. 보유 자금을 빌딩 한곳에 집중하면 관리하기도 편하고 폼도 난다. 자산가가 아닌 일반 투자자의 경우에는 금액이 만만치 않고 투자위험이 크다 보니 섣불리 덤비기에는 어려움이 따른다. 빌딩투자자의 연령대 중 비중(37.6%)이 가장 높은 50대는 되도록 위험을 피하려고 한다. 단독주택 투자가 대안으로 부각되는 것은 금액도 적절하고 투자위험 또한 그리 크지 않기 때문이다.

단독주택이나 빌딩을 원하는 투자자의 심리는 나만의 것에 대한 욕망이다. 예전에는 독채라는 용어가 있었다. 50대 이상은 기억할 것이다. 남의 집 살이의 로망은 독채였다. 대부분이 공동주택이나 구분소유 집합건물에서 생활이나 생계를 유지하다 보니 독립된 부동산을 갖고 싶은 열망이 컸다. 단독주택과 빌딩투자의 근원적 욕망은 동일하기에 단독주택이 빌딩투자의 틈새를 파고들고 있다. 실제로 단독주택과 빌딩 투자 열풍은 시기적으로 앞서거니 뒤서거니 하면서 이루어졌다.

11 · 3 부동산규제로 인해 투자심리가 위축되면서 전국 부동산시장이 다소 관망세로 돌아서는 느낌이다. 하지만 주택유형별로는 다른 양상을 보이는데 아파트의 투자심리 위축이 가장 크고 단독주택은 오히려 견고한 상승세를 이어가고 있다. 단독주택에 대한 관심은 몇 년 전부터 수도권을 중심으로 있었지만 최근 주택경기가 다소 관망세로 돌아서면서 더욱 두드러져 보인다. 단독주택투자는 단순히 주택에 대한 투자가 아니기 때문이다.

최근 단독주택에 대한 관심이 늘어나는 현상은 독립된 부동산을 갖기를 원하는 투자자들의 열망과 함께 아파트에 거주하는 것은 싫어하지만 편리한 도시생활을 포기하고 싶지 않은 가구들이 노후대책까지 고민하기 때문이다. 상가주택이나 점포겸용주택이 그 해답이 될 수 있지만 기존 도심의 상가주택은 투자금액이 커 부담이 되고, 신도시에서 분양하는 점포겸용 택지의 경우에는 상권 형성이 어떻게 될지 불안하니 선뜻 투자하기가 곤란하다. 금액 또한 만만치 않기는 마찬가지다.

단독주택에 거주한 지 3년 후의 소회를 담은 한 책에 의하면 대부분의 단독주택 소유주들이 단독주택에 거주하는 목적은 주거와 함께 본인의 작업공간이나 상업공간을 함께 확보하기 위함이다. 고령화에 따라 도심을 떠나기는 곤란하고 기존의 수입원이 없어졌으니 새로운 현금 흐름을 찾아야 한다. 물론 여기에는 힐링 (healing) 또한 뒷받침되어야 한다. 아옹다옹하면서 각박한 직장에서 일하기는 싫고 여유 있는 공간에서 스스로 조절하면서 일하고 싶은 욕망이다. 도심의 단독주택이 대안인 것이다.

이렇게 수요가 증가하고 관심이 늘어나고 있으나 단독주택 투자는 지역적으로 차별화된 접근이 요구된다. 수도권보다는 지방이 긍정적인 이유는 수도권과는 다르게 지방에서 멸실되는 주택유형의 대부분은 단독주택으로 수급불일치가 크기 때문이다.

멸실주택 중 단독주택 비중

연도별	전국	수도권	지방
멸실주택	8만 3,976호	4만 710호	4만 3,266호
단독주택	4만 9,934호	1만 6,063호	3만 3,871호
비중	59.5%	35.3%	78.3%

* 출처 : 국토부(2014년)

Raw Data 국토교통부 홈페이지 〉 국토교통통계누리 〉 e나라지표 〉 공동주택현황 〉 주택멸실현황

2014년 기준으로 수도권의 멸실주택 중 단독주택의 비중은 39.5%이지만, 지방권의 경우는 평균 멸실주택 중 단독주택이 차지하는 비중은 무려 78.3% 수준이다. 아직 단독주택이 많이 남아 있으며, 본격적인 투자가 이루어지지 않은 지방의 경우 아파트에 편향된 투자에서 벗어나는 것도 좋은 투자대안으로 보인다.

단독주택 투자의 핵심은 리모델링이다. 단독주택을 구입하여 그대로 사용하는 사람은 거의 없다. 단독주택을 상가주택으로 바꾸기 위해서는 리모델링이 필수다. 단독주택을 리모델링할 때 가장 중요한 점은 업체 선정이다. 한마디로 요약하면 시공업자와 건축가를 구분해서 발주하는 것이 좋다. 설계와 시공, 감독과 공사의 분리다. 단독주택을 리모델링한다면 매매 때부터 건축가와 함께 집을 살피고 리모델링 계획을 세우는 것이 좋다. 평소 건축가와 친하게 지낼 필요가 있다.

단독주택 등 다양한 주택 유형에 대한 대안적 관심이 요구되면서 테라스하우스 또한 눈여겨볼 주택유형 중 하나다. 연립주택과 큰 차이가 없는 타운하우스와는 다르게 인간의 근원적 욕망과 일탈의 감성이 배어 있기 때문이다. 베란다에서는 빨래를 걷어야 할 것 같지만, 테라스에서는 왠지 선글라스를 끼고 카푸치노를 마셔야 할 것 같지 않은가! 인간의 근원적인 욕망, 일상이 아닌 일탈은 돈이 된다. 내수시장으로만 세계 2위를 기록하고 있는 아웃도어가 바로 테라스하우스와 동일한 근원을 가지고 있다. 유일하게 외부와 통하는 테라스는 욕망의 분출구이자 녹색갈증의 해방구다.

테라스하우스는 최근 분양 시장의 흥행 보증수표로 통한다. 부동산114에 따르면 2015년 테라스하우스는 모두 3,866가구로, 1순위 청약자 수는 총 8만 331명으로 평균 20.8대 1의 경쟁률을 기록했다. 이는 지난해 전국 아파트 1순위 청약경쟁률(11.0대 1)의 2배에 가까운 수치다. 테라스하우스의 인기가 지역이 가진 장점으로 인한 효과가 아닌 이유는 같은 단지 내에서도 테라스하우스와 비테라스하우스의 청약경쟁률이 다르기 때문이다. 위례자이, e편한세상 테라스 위례, 광교파크자이 더 테라스 등의 분양단지에서는 테라스하우스가 비테라스하우스에 비해 2배 가까이 높은 청약경쟁률을 보였다. 주택수요자의 관심이 그만큼 높다는 말이다.

테라스 vs. 비테라스 청약경쟁률 비교

구분	테라스하우스		비테라스하우스	
	상품명	청약경쟁률	상품명	청약경쟁률
위례자이	121㎡T	144대 1	121㎡A	80.86대 1
e편한세상 테라스 위례	84㎡T	15.97대 1	84㎡B	8.12대 1
광교파크자이 더 테라스	84㎡T	52.6대 1	84㎡C	34.7대 1

* 출처 : GS건설 내부자료

하지만 연립주택 유형이 아닌 아파트에서 이를 흡수하기 위해서는 주택사업자의 노력이 필요하다. 만약 혁신적인 평면이 나와 고층아파트에서도 테라스하우스를 경험할 수 있다면 국내 주택수요자들은 훨씬 더 큰 매력을 느낄 것이다. 최근 중정형테라스를 도입한 단지들의 선전을 주의 깊게 살펴봐야 할 것이다(세종 힐스테이트3차, 일산 킨텍스 원시티, 경희궁 자이 등 일부 아파트에서 중정형테라스를 도입한 경우가 있다).

단독주택 매매가 상승률이
가장 높다

우리는 아파트만을 중시하지만, 주택유형에는 여러 가지가 있다. 연립주택, 다세대주택, 단독주택 등이 그것이다. 다중주택, 다가구주택 등도 있지만 구분 소유 개념이 없고, 정부의 각종 통계에서도 벗어나 있다. 외국에서는 단독주택이 흔하지만 우리는 국민성에도 맞고 단기간에 대규모의 주택을 건설해야 하는 경제개발 시기에 가장 적합한 주택유형이 아파트였기에 현재 주택유형의 60% 이상이 아파트다.

주택담보대출에 대한 규제가 강화되면서 일시적으로 투자심리

주택유형별 매매가격 상승률

구분	종합	아파트	연립다세대	단독
상승률	0.49%	0.51%	0.34%	0.54%

* 출처 : 한국감정원

Raw Data 한국감정원 홈페이지 > 부동산통계정보 > 부동산통계 > 전국주택가격동향조사 > 월간동향 > 아파트/연립다세대/단독주택 > 매매가격지수

가 위축되었다. 2016년 초에는 이런 관망세가 더욱 짙어졌다. 하지만 주택유형별로는 다른 양상을 보였는데 아파트의 투자심리 위축이 가장 크고, 단독주택은 오히려 견고한 상승세를 유지하고 있다. 2016년 1~10월 간 전국 아파트 매매가격은 0.51% 상승에 그쳤으나 단독주택은 0.54% 상승했다.

매년 정부에서 발표하는 단독주택 공시가격도 지난 4년간 꾸준히 증가하는 추세다. 전국 표준단독주택 공시가격은 2.48%(2013년)에서 4.15%(2016년)로 상승했다. 공시가격 상승은 수도권과 지방을 가리지 않는다. 단독주택의 거래량 또한 아파트에 비해 감소폭이 낮다. 2016년 상반기 아파트의 거래량은 20%대의 감소를 보임에도 불구하고 단독주택은 3~4%대의 감소폭에 그쳤다.

경매시장에서도 단독주택의 인기는 뜨겁다. 2016년 10월 현재 아파트의 낙찰가율은 2015년 6월 92.4%에서 오히려 떨어져 91.82%를 기록 중이다. 이에 반해 같은 기간 단독주택의 낙찰가

주택유형별 거래량 비교

구분	전국		서울		부산	
	단독	아파트	단독	아파트	단독	아파트
2015년 상반기	7만 6,091건	62만 9,989건	9,110건	8만 278건	6,949건	5만 7,626건
2016년 상반기	7만 2,626건	50만 4,967건	8,718건	6만 4,566건	6,713건	4만 4,409건
변동률	-4.8%	-24.8%	-4.5%	-24.3%	-3.5%	-29.8%

* 출처 : 한국감정원

Raw Data 한국감정원 홈페이지 〉 부동산통계정보 〉 부동산통계 〉 부동산거래현황 〉 주택
거래현황 〉 년도별 유형별

율은 83.25%에서 87.87%로 상승 중이다. 다시 단독주택에 시대
가 오고 있다. 따라서 그동안 아파트에만 집중하던 투자방식을 탈
피하고 다양한 주택유형에 대한 관심이 필요하다.

| 단독 · 빌딩 · 토지 |

저금리와 고령화로
소형 빌딩 시장은 활황

—
18

예전에는 빌딩이라고 하면 대형 오피스건물이 떠올랐지만 최근 빌딩투자가 일반화되면서 소규모의 건물도 빌딩이라고 부른다. 최근 빌딩투자의 두드러진 특징은 소형화, 소자본화다. 과거 100억 대에서 수십 억 대로 투자금액이 줄어들면서 강남에서 기타 지역으로, 대로변에서 이면도로로 투자 대상 또한 확대되고 있다. 빌딩 소유의 대중화 시대, 빌딩 투자는 여전히 유효한지 살펴보자.

최근 부동산시장에서는 아파트에 대한 관심과 함께 상업용 부동산을 대체 투자처로 선호하는 현상이 나타나고 있다. 이로 인해

연도별 상업용(업무용) 부동산 거래건수

구분	2012년	2013년	2014년	2015년
거래건수	14만 5,098건	15만 9,159건	19만 5,939건	24만 4,428건

* 출처 : 한국감정원

―――――

Raw Data 한국감정원 홈페이지 〉 부동산통계정보 〉 부동산통계 〉 부동산거래현황 〉 건축물거래현황 〉 월별 건물유형별 〉 상업업무용

연도별 중소형(500억 원 미만) 빌딩 거래건수 및 금액

구분	2012년	2013년	2014년	2015년
거래건수	731건	522건	719건	1,036건
거래금액	3조 2,300억 원	2조 7,100억 원	3조 2,400억 원	5조 5,300억 원

* 출처 : 리얼티코리아

―――――

Raw Data 리얼티코리아 홈페이지 〉 고객서비스 〉 마켓리포트

2015년 상업용 부동산의 거래건수도 2012년에 비해 68.5%나 증가했다. 이는 같은 기간 주택매매 거래가 62.3% 증가한 것보다 더 큰 폭의 증가다. 주택시장 호황과 함께 상업용 부동산에 대한 관심도 증가하고 있는 것으로 보인다.

소형빌딩에 대한 관심으로 인해 500억 원 미만의 빌딩 거래건수는 급격히 늘어났다. 서울의 경우 500억 원 미만 빌딩의 거래량은 2013년 522건, 거래금액 2조 7,100억 원에서 2015년에는 1,036건, 5조 5,300억 원 수준으로 2년 만에 2배 증가했다.

금액대별로 거래건수를 살펴보면 50억 원 미만의 소형빌딩이 전체 중소형 빌딩 거래건수의 약 70%를 차지한다. 빌딩투자의 대중화로 인한 영향이다. 2015년 중소형 빌딩 거래 1,036건 중 50억 원 이하의 거래는 717건으로 70%, 거래금액 기준으로는 40% 수준이다.

2016년 중소형 빌딩 거래는 2015년과 비교하면 감소할 것으로 보인다. 그동안 자산이 많은 베이비부머가 시장에 진입하면서 거래건수는 증가했다. 하지만 거래건수 증가보다 거래 금액 증가가 더 빨리 일어나고 있다. 이는 가격이 오르고 있다는 뜻이다. 수요가 늘면서 중소형 빌딩 가격 또한 가파르게 상승하고 있다.

실제로 한국감정원의 자료에 의하면 중소형 빌딩의 투자수익률 개선에는 자산 가치 상승에 따른 자본수익률 상승이 주요한 원인으로 작용한 것으로 나타났다. 상업용 부동산에서 투자수익률을 구성하는 가장 중요한 요소인 임대료 수입을 주요 원천으로 하는 소득수익률은 2010년 이후 큰 변화가 없는 상황이다.

거래가격의 가파른 상승은 거침없이 뛰어들던 수요를 주춤하게 만들 것이다. 2016년은 소형빌딩 투자시장의 조정기가 될 것으로 보인다. 하지만 이런 조정기를 거치면 2017년 이후에는 다시금 꾸준히 빌딩투자시장은 확대될 것이다.

현재 빌딩투자시장은 40대와 50대가 주도하고 있다. 2000년 초기 자산상승기에 부를 축적한 베이비부머 세대가 담보대출을 활용하여 중소형 빌딩을 적극적으로 매수하는 것으로 보인다. 이와 함께 30~40대의 성공한 창업자와 전문직 종사자들 또한 중소형 빌딩 시장에 적극적으로 진입하고 있다. 〈한겨레신문〉이 조사한 자료에 의하면 상수와 연남동 그리고 서촌 건물주의 평균 나이는 세 지역 똑같이 1958년생으로 나타났다. 소위 58년 개띠다. 하지만 최근 3년(2013~2016년) 동안 상수, 연남 그리고 서촌 부동산을 매입한 이들의 평균 출생연도는 1967년생이었다. 이보다 젊은 연령대도 많았다고 한다.★ 30~40대가 빌딩시장에 적극적으로 진입하고 있는 것이다.

부유층의 소비행태를 일반 중산층이 모방하듯 빌딩투자 수요는 지속적으로 늘어날 것이다. 대출금리가 내려가고 담보대출비율도 규제를 받는 주택에 비해 우호적이기 때문이다. 고령화로 저금리에 따른 수익성 악화를 벗어나려는 움직임도 가세한다. 수요를 자극하는 요소가 한두 가지가 아니다.

리얼티코리아가 발간한 시장보고서에 의하면 중소형 빌딩 거래가 2015년 2분기에 최고점(307건)을 기록한 후 2016년 1분기(192건)까지 계속 감소했다. 하지만 2016년 2분기부터 다시 거래량이

★ 한겨레신문(2016), "대출규제 완화가 젠트리피케이션 불붙여"

분기별 중소형 빌딩 거래건수 및 금액

구분		거래건수	거래금액
2015년	1분기	194건	1조 400억 원
	2분기	307건	1조 7,200억 원
	3분기	277건	13조 400억 원
	4분기	258건	1조 4,300억 원
2016년	1분기	192건	1조 1,500억 원
	2분기	222건	1조 2,000억 원
	3분기	293건	1조 6,600억 원

* 출처 : 리얼티코리아

Raw Data 리얼티코리아 홈페이지 〉 고객서비스 〉 마켓리포트

증가하고 있다. 3분기에는 무려 293건, 1조 6,600억 원에 이른다. 1년 정도의 조정기간을 거친 후 다시금 상승세로 전환되는 모양새다. 다시금 중소형 빌딩 투자시장 내 거래가 활성화될 것으로 예상된다. 하지만 과거와 같은 급격한 상승세를 보이지는 않을 것이며 안정적인 성장세가 당분간 지속될 것으로 보인다.

토지는 안정적으로
상승한다

19

2016년 들어 9월까지 토지가격은 1.97% 상승했다. 전년 같은 기간 상승률인 2.04%보다 다소 높은 상승률을 보여준다. 2011년 이후 가장 높은 상승률이다. 수도권은 1.84% 상승한데 반해 지방은 2.21% 상승했다. 수도권은 인천, 경기 지역이 전국 평균에도 미치지 못했으나, 지방은 제주와 함께 세종, 부산, 대구 등 6개 지역이 전국 평균보다 높았다.

　지역별로는 혁신도시 개발의 영향과 제2공항 발표로 제주의 상승률(7.06%)이 가장 높다. 다음은 세종(3.51%), 부산(3.02%), 대구

연도별 토지가격 상승률

구분	2013년 9월	2014년 9월	2015년 9월	2016년 9월
상승률	0.68%	1.42%	1.67%	1.97%

* 출처 : 국토부

Raw Data 국토교통부 홈페이지 〉 국토교통뉴스 〉 보도자료

지역별 토지가격 상승률

구분	제주	세종	부산	대구	대전	서울	강원
상승률	7.06%	3.51%	3.02%	2.93%	2.56%	2.18%	2.13%

* 출처 : 국토부(2016년 1~9월)

Raw Data 국토교통부 홈페이지 〉 국토교통뉴스 〉 보도자료

연도별 토지거래량

구분	2011년 9월	2012년 9월	2013년 9월	2014년 9월	2015년 9월	2016년 9월
건수	1,150,116건	921,662건	1,062,575건	1,296,584건	1,619,340건	1,505,118건

* 출처 : 국토부

Raw Data 국토교통부 홈페이지 〉 국토교통뉴스 〉 보도자료

(2.93%) 순서다. 세종시는 행복도시 개발로 상승을 주도했으며, 부산은 부동산시장의 강한 상승세 때문으로 추정된다. 대구는 집값은 하락했지만 달성군의 테크노폴리스 등 다양한 개발 이슈로 상승한 것으로 추정된다.

전년도와 비교한 토지거래량은 감소했다. 수도권은 증가했지만 지방은 감소했다. 토지거래량이 감소했지만 2011년 이후로는

두 번째로 많은 거래량을 기록 중이다. 2012년 92만 건에 비하면 대폭 늘어난 건수다. 추세적으로 거래량은 늘어나는 중이다.

지역별 호재에 따라 강세 지역 속출

2016년 3분기까지 가장 많이 오른 지역은 제주 서귀포시와 제주시다. 각각 7.48%, 6.79% 상승했는데 제2공항 발표에 따른 외지인 투자수요 등으로 가장 높은 상승률을 기록했다. 제2공항 예정지뿐만 아니라 신공항 인접지역 및 해안가 중심의 거래가 증가했다. 부산 해운대구(5.75%)는 복선전철이 부분 개통할 예정이며, 해안가 상업용지 가격이 오르고 주변 재개발사업에 진척을 보이면

지가 변동률 상위 지역

순위	지역	변동률(%)	주요 읍면동(%)
1	제주 서귀포시	7.48	표선면(10.03), 성산읍(9.44), 남원읍(8.96)
2	제주 제주시	6.79	구좌읍(9.99), 조천읍(8.80), 애월읍(7.92)
3	부산 해운대구	5.75	중동(6.55), 우동(6.39), 송정동(5.99)
4	부산 남구	3.66	우암동(4.65), 문현동(4.03), 대연동(3.90)
5	세종시	3.51	종촌동, 고운동, 아름동(4.59), 조치원읍(4.54), 반곡동, 소담동, 보람동, 대평동(4.42)

* 출처 : 국토부

Raw Data 국토교통부 홈페이지 〉 국토교통뉴스 〉 보도자료

지가 변동률 하위 지역

순위	지역	변동률(%)	주요 읍면동(%)
1	경남 거제시	-0.42	장평동(-3.07), 아양동, 아주동(-1.24), 능포동, 두모동(-1.17)
2	울산 동구	-0.34	방어동(-0.87), 미포동, 동부동, 서부동(-0.85), 일산동(-0.04)
3	전남 목포시	0.55	복만동, 보광동1가~3가(-0.14), 유동, 금동1가~2가(-0.02), 대안동, 창평동, 명륜동, 죽동(-0.02)
4	인천 강화군	0.71	양사면(-0.19), 하점면(-0.17), 교동면(0.05)
5	전북 무주군	0.76	설천면(0.36), 부남면(0.60), 안성면(0.71)

Raw Data 국토교통부 홈페이지 > 국토교통뉴스 > 보도자료

서 3번째로 높은 상승률을 보였다. 부산 남구(3.66%) 또한 뉴스테이 등 주택재개발사업이 진전을 보이면서 강세를 보였다. 세종시는 행복도시 개발과 조치원의 구시가지 개발에 대한 기대감으로 올랐다.

경남 거제시(-0.42%)와 울산 동구(-0.34%)는 조선 경기 불황에 따른 부동산 수요가 감소하면서 가장 낮은 상승률을 보였다. 전남 목포시(0.55%)는 구도심 일대 등의 거래가 부진하면서, 인천 강화군(0.71%)은 도서지역의 농지 등의 수요가 감소하면서 낮은 상승률을 기록했다. 전북 무주군(0.76%)은 개발사업 부진과 관광수요 감소로 하위 5개 지역에 포함되었다.

3장

어디가 오르나

용산,
다시 기지개 켜다

용산 부동산시장은 안타까움의 상징이다. 2009년 용산참사, 2013년 용산국제업무지구 개발 무산 등 여러 악재가 겹치면서 개발기대감에 올랐던 가격이 재조정되었다. 서울을 기준으로 살펴보면 2012년 말 대비로 아파트가격이 유일하게 하락한(-1.19%) 지역이다. 강남구가 1억 5,000만 원이 오르는 동안 용산구는 지난 4년 사이 2,700만 원이 하락했다(부동산114의 조사에 의하면 지난 4년간 아파트 매매가격이 가장 많이 오른 구는 강남구 1억 5,701만 원, 서초구 1억 3,323만 원, 송파구 1억 1,302만 원이었다). 이런 용산 부동산시장이 최

지역별	2015년 말	2016년 10월 말
서울	1,946만 원	2,137만 원
용산	2,240만 원	2,279만 원

* 출처 : 부동산114

근 다시 기지개를 켜고 있다.

부동산114에 따르면 현재 용산구 아파트 평균 분양가는 3.3㎡ 당 2,279만 원으로 지난해 같은 기간(2,240만 원)과 비교해 높아졌다. 하지만 현장의 체감 폭은 더 크다. 래미안용산과 용산푸르지오써밋의 분양권 가격은 3.3㎡당 3,000만 원에 가깝다. 용산역 전면의 제2, 제3구역의 주상복합아파트가 2017년 입주를 목표로 한창 공사 중이다. 용산역 일대를 중심으로 국제업무지구와 용산민족공원, 리틀링크 등 대규모 개발사업 또한 예정되어 있다.

용산 부동산시장에 대한 기대심리는 긍정적인 편이다. 신분당선과 공항철도의 연장은 부동산 투자자의 가장 큰 관심사 중 하나다. 현재 서울역까지만 운행하던 공항철도의 용산역 연장 개통이 2018년으로 예정되어 있다. 강남에서 용산으로 이어지는 신분당선 역시 2020년 개통을 목표로 한다. 신라면세점과 현재 공사 중인 앰배서더호텔 및 지하 공간 개발 사업이 교통여건 개선과 맞물리면서 용산을 관광 및 교통의 중심지로 바꿔놓을 것이다. 용산이 강남과 명동을 합쳐놓은 서울의 대표적 랜드마크가 될 것으로 예측하는 전문가들도 많다.

하지만 용산 부동산시장은 투자자가 접근하기 쉽지 않다. 한강로2가에 위치한 기존의 주상복합아파트도 대형 평형 위주이며, 현재 짓고 있는 주상복합아파트도 구 40평대가 가장 작은 평수다. 분양가도 만만치 않아 10억 원 중후반대를 훌쩍 넘는다. 기존 아파트도 마찬가지다. 2007년 최고 시세에는 못 미치지만 용산은 한강변과 가깝고 도심에 위치해 있어 지금도 9억 원 이상의 아파트가 즐비하다. 자금조달의 어려움과 함께 정부의 규제에서 벗어나기 어려운 이유다.

새 아파트도 많지 않다. 지난 8년에 가까운 기간 동안 개발사업이 지지부진하게 진행되다 보니 가장 최근에 입주한 아파트가 신계동 e-편한세상이다. 2011년 2월 입주한 아파트다. 최근 새 아파트에 대한 수요가 많다 보니 투자 트렌드와 맞지 않다. 하지만 저평가된 지역과 아파트를 아직은 찾을 수 있다. 모든 투자자들이 용산 부동산시장의 미래를 동일하게 예측하지는 않기 때문이다.

비교적 최근에 지어진 소형 주상복합을 월세(운영) 수익 위주로 접근한다면 좋은 상품을 선택할 수 있을 것이다. 외국인이 선호하는 지역이고 도심과도 가까워 공실에 대한 걱정은 크지 않다. 향후 개발에 대한 기대감으로 시세 차익도 만만치 않을 것이다.

은평뉴타운,
이제 볕이 들까?

02

서울은 경기도에 비해서는 아파트 가격이 높다. 그래서 서울특별시가 아니겠는가? 특히나 인접한 지역은 가격 차이가 꽤 된다. 한 발짝만 넘어서면 서울인데도 불구하고 경기도와 서울의 가격 차이가 3.3㎡당 1,000만 원 이상인 경우도 허다하다. 하지만 인접한 지역임에도 불구하고 서울보다 경기 지역의 아파트 값이 높은 곳이 있다. 바로 삼송지구다.

부동산114의 자료에 의하면 2016년 9월 현재 삼송지구의 아파트 매매가격은 3.3㎡당 1,532만 원이나, 은평뉴타운은 1,513만 원

삼송 vs 은평뉴타운 아파트 매매가격 추이 (단위 : 3.3㎡당 가격)

구분	2013년	2014년	2015년	2016년(9월)
은평뉴타운	1,453만 원	1,453만 원	1,473만 원	1,513만 원
삼송지구	1,213만 원	1,201만 원	1,438만 원	1,532만 원

* 출처 : 부동산114

에 그쳤다. 2015년에는 그래도 은평뉴타운이 1,473만 원으로 삼송지구(1,438만 원)보다 35만 원 높았으나, 2016년 9월 들어 추월당했다. 2013년 할인분양으로 겨우 미분양을 떨어내야 했던 은평뉴타운의 또다른 굴욕이 아닐 수 없다.

　지난 수년간 맥을 못 추던 서울 은평뉴타운이 각종 개발사업을 만나 서서히 살아나고 있다. 대표적인 호재는 롯데몰과 성모병원이다. 지하철 구파발역에 2016년 말 문을 연 롯데몰과 800병상 규모의 은평성모병원이 2018년 준공될 예정이라 생활 인프라에 이어 의료 인프라까지 좋아질 예정이다. 과거 은평뉴타운의 아파트 매매가격이 하락을 거듭하던 가장 큰 이유였던 인프라가 해결되자, 기존의 탄탄한 학군과 결합하여 상승세가 이어지고 있다. 은평뉴타운 학교 정책에 따라 2010년 3월 개교해 6년여 만에 명문고로 자리 잡은 하나고등학교가 있다. 2016년 서울대학교 합격자 출신고교 현황 자료에 의하면 하나고등학교는 전국 5위를 자랑한다.

교통 인프라 또한 좋아진다. 신분당선 북부연장선 사업으로 가장 큰 수혜가 예상되는 지역 또한 은평뉴타운이다. 투자자뿐만 아니라 실수요자의 발걸음까지 이 지역으로 몰리는 이유다. 일산~동탄 수도권 광역급행철도(GTX) 연신내역 또한 은평뉴타운 주변에 들어선다. 연신내역은 구파발역과 한 정거장 거리다. GTX를 이용하면 서울 강남권과 함께 분당이나 동탄, 평택 등 경기 남부권으로도 빠르게 이동할 수 있다.

앞에서 살펴본 다양한 호재로 인해 은평뉴타운은 이제 상승의 전기가 마련될 것이다. 하지만 안타까운 점은 삼송지구와는 다르게 신규 분양 물량이 거의 없다는 점이다. 2018년 4월과 2019년 1월 입주예정인 은평뉴타운 꿈에그린과 은평스카이뷰자이를 제외하면 대부분이 2010년 전 입주한 아파트다. 신규 분양 물량의 적정성 여부에 따라 아파트 가격이 좌우되는 현실에서, 지구 내에서뿐만 아니라 향동지구, 지축지구 등 주변에서 지속적으로 신규물량이 공급되는 삼송지구와의 경쟁은 불리하다.

시간이 필요할 것이다. 은평뉴타운은 녹지율이 42%로 높아 주거환경이 쾌적한 것이 가장 큰 장점이다. 서울의 녹지가 2.38% 임을 고려하면 엄청난 수준이다. 이말산 등 자연녹지가 풍부하며 서오름자연공원, 진관근린공원 및 갈현근린공원 등 대형 공원과 함께 인근에 흐르는 창릉천 수변공원도 빼놓을 수 없다. 시간이 지

신도시 녹지율 현황

구분	은평	판교	위례	김포	검단	파주
녹지율	42%	35%	22%	28%	25%	25%

* 출처 : 국토부

Raw Data 국토교통부 홈페이지 〉 국토교통뉴스 〉 보도자료

날수록 은평뉴타운의 장점은 부각될 것이고, 이러한 숲세권의 장점과 함께 생활, 의료 인프라 나아가 교통 인프라까지 구비된다면 머지않아 미래의 투자 블루칩으로 급부상할 것이다.

대전,
침체에서 벗어나나?

03

지난 3, 4년 동안의 부동산시장에서 스타는 지방광역시였다. 2013년 1월 이후 2016년 10월까지 6개 광역시의 아파트 매매가격 상승률 평균은 12.7%였다. 인천을 제외한 5개 지방광역시로 좁히면 13.6%로 오히려 더 높다. 대구는 무려 30%에 가까운 상승률을 보였다.

하지만 안타깝게도 1% 상승률에 그친 광역시도 있다. 대전이다. 세종시로의 인구 유출로 인해 부동산 경기가 살아날 것이란 전망이 어두워지면서 주택구입을 관망하는 실수요자들이 늘어나

지역별	부산	대구	인천	광주	대전	울산
상승률	9.21%	27.19%	5.94%	12.09%	1.72%	10.94%

* 출처 : KB국민은행(2013년 1월 ~ 2016년 10월)

Raw Data 국민은행 홈페이지 〉 KB부동산 〉 통계 〉 [월간] KB주택가격동향 〉 최근자료 클릭 〉 (월간)KB주택가격동향_통계표(2016.10) 다운 〉 규모별 APT 매매평균

고 있다. 이러한 현상이 지난 3년 간 지속되면서 장기침체를 우려하는 목소리가 높다. 대전 서구 지역 급매물은 수천만 원가량 가격이 떨어져 주인을 찾고 있고, 중구와 동구 등 일부 아파트도 역시 시세 이하의 낮은 가격으로 시장에 나온 상황이다. 문제는 이런 가격에도 주택수요자들이 매입을 미루고 있다는 점이다.

전국의 아파트 분양시장이 활황세를 보이면서 대전 또한 유사한 현상을 보인다. 2016년 하반기 본격적인 분양이 시작되었다. 민간, 공공 합쳐 총 5,100여 가구에 이른다.

지금 시점에서 대전 부동산시장에 관심을 가져야 하는 이유는 대전의 도안신도시 등의 아파트 입주가 시작되고 세종시로의 인구유출이 안정화되었기 때문이다. 대전시 인구는 2014년 8월부터 2016년 6월까지 23개월 줄곧 내리막을 걸었다. 2012년과 2013년에는 전출자보다 전입자가 각각 499명과 312명 많아 인구 증가세가 유지되었지만 2014년부터 그 수가 역전되어 2015년까지 2년

대전시 인구추이

구분	2012년	2013년	2014년	2015년	2016년
인구	1,524,583명	1,532,811명	1,531,809명	1,518,775명	1,516,241명

* 통계청(2016년 9월)

Raw Data 통계청 홈페이지 〉 국가통계포털(KOSIS) 〉 인구 · 가구 〉 주민등록 인구현황 〉
행정구역(시군구)별 총인구, 남자, 여자수

대전시 아파트 분양(예정) 물량

구분	2009년	2010년	2011년	2012년	2013년	2014년	2015년	2016년
분양 물량	11,639호	3,305호	12,936호	2,755호	5,034호	6,428호	8,407호	7,032호

* 출처 : 부동산114

간 인구가 무려 2만 9,451명이나 줄었다. 대부분이 신도시나 세종
시로의 유출이었다. 하지만 2016년 7월부터 세종으로의 순유출
인구가 대폭 감소하면서 안정화되는 추세다. 덕분에 대전시의 주
민등록상 인구가 9월 현재 151만 6,241명으로 늘어났다. 길었던
그동안의 인구유출이 멈춘 것이다.

대전 부동산시장은 그동안 신규 아파트가 많지 않았기 때문에
분양시장에 주목하는 것이 좋을 듯하다. 2009~2011년 3년간 평
균 분양 물량은 9,293세대였으나 2012년부터 2014년까지 평균
분양 물량은 4,739세대에 그친다. 부동산경기 침체로 인해 분양
물량이 반 토막 났다. 2015년 8,407세대, 2016년에는 7,032세대

가 예정되어 있어 가뭄에 단비가 될 듯하다. 2016년 분양 물량의 60%가 집중될 동구에 주목할 필요가 있다.

호남 KTX,
호재로 작용할까?

04

8조 3,500억 원이 투입된 호남선 KTX가 호남에 철도가 깔린 지 101년, 경부고속철도가 개통한 지 11년 만에 2015년 4월 개통했다. 호남선 KTX는 1년 만에 광주, 전남 교통지형에 커다란 변화를 가져왔다. 개통 1년, 하루 평균 1만 2,000명이 이용하여 개통 이전 2014년보다 3배가량 많았다. 교통수단별 분담률도 2014년과 비교해 고속버스는 56.4%에서 48.0%로, 항공은 4.1%에서 3.2%로 나란히 줄었으나, 철도는 14.9%에서 24.1%로 대폭 증가했다.

비단 교통지형에만 미친 영향일까. 생활, 문화 부문까지 KTX의 영향이 미치지 않는 곳이 없다. 빨라진 광주와 서울의 거리만큼이나 수도권으로의 이른바 '빨대효과'에 대한 우려가 크다. 아직까지 의료, 쇼핑, 학원, 문화 등의 역외 유출은 크지 않지만 중장기적으로 지역 경제에 부정적인 요소가 될 수도 있다는 분석이다. 상권 활성화와 투자촉진 등 긍정적 효과 확대와 함께 지역 간 경쟁 격화, 지역소비자 유출 등 부정적 효과 감소의 투 트랙 전략이 필요한 이유다.

호남선 KTX를 바라보는 지역 부동산의 기대는 절박하다. 한국감정원의 통계에 의하면 영남권 대도시들의 아파트 평균 매매가격은 2억 5,000만 원을 훌쩍 넘는데(대구 2억 5,986만 원) 호남권 대도시에는 2억 원을 넘는 곳이 없다. 광주, 전남, 전북 지역의 아파트 매매가격 상승률 또한 높지 않다.

2016년 들어 10월까지 전국의 아파트 매매가격은 3.66% 상승한 반면, 광주는 0.47%, 전남과 전북은 각각 0.45%, 0.44% 상승하여 겨우 마이너스를 면했다. 호남선 KTX에 거는 기대가 남다른 이유는 이렇게 호남의 부동산시장이 소외받고 있다는 인식 때문이다.

호남선 KTX가 호남지역 부동산시장에 다소 긍정적인 효과가 있을 것으로는 예상하지만 경부선 KTX만큼의 영향을 미치기는

호남선 KTX 주변 시세

구분	2014년 5월	2015년 4월	2016년 10월
광주시	1억 4,399만 원	1억 4,958만 원	1억 8,507만 원
공주시	1억 2,671만 원	1억 2,556만 원	1억 2,758만 원
여수시	1억 732만 원	1억 648만 원	1억 1,803만 원
목포시	1억 1,553만 원	1억 1,518만 원	1억 2,324만 원

* 출처 : 한국감정원

Raw Data 한국감정원 홈페이지 〉 부동산통계정보 〉 부동산통계 〉 전국주택가격동향조사 〉 월간동향 〉 아파트 〉 매매가격 〉 평균매매가격

어려워 보인다. 이는 우리나라 인구분포에 기인한다. 경부선 KTX는 노선 주변 인구, 즉 부동산 수요가 큰 곳을 통과하는데 반해 호남선 KTX는 경부선에 비해 수요요인이 크지 않다. 즉 경부선은 기존 수요를 KTX로 어떻게 엮을 것인가를 고민해야 하지만 호남선은 KTX를 통해 어떻게 수요요인을 확보할 것인가를 고민해야 한다. 고민의 차원이 다르니 영향과 파급효과가 달라질 수밖에 없다.

호남선 KTX가 개통된 이후 쇼핑과 문화 측면의 수요유출은 크지 않는 것으로 평가된다. 하지만 이를 호남 수요가 안정적이라고 긍정적인 평가를 내리는 것보다는 호남선 KTX가 가장 늦게 개통되다 보니 빨대효과가 크지 않은 것으로 이해해야 한다. 일본과 우리의 KTX 개통시기를 비교하면 일본은 산업화 초기 단계였던

데 비해, 한국은 성숙화 단계였다. 우리나라는 이미 지방도시의 쇼핑시설과 병원 등이 대규모, 현대화되었기 때문에 도시 간 격차가 거의 없어 원정쇼핑(방문)의 효과가 크지 않았다. 참고로 일본은 고속철도가 최초로 개통된 시기가 1964년이었고, 호남선 KTX는 2015년에 개통되었다. 50년의 차이는 새로운 분석을 요구한다. 경부선 KTX 1단계 개통과의 기간 차이도 무려 11년이다.

그렇다고 호남선 KTX가 부동산시장에 효과가 없는 것은 아니다. 다만 투자방법을 달리해야 할 것이다. 경부선 KTX가 완전 개통된 이후 부산을 중심으로 일어났던 부동산시장의 한 축을 호남선KTX가 만들어내기는 힘들 것으로 보인다. 원래 빨대효과는 출발지와 도착지가 부동산시장을 선도하게 된다. 출발지는 서울이니 더 이상 언급할 필요가 없고, 도착지가 목포인데 목포의 인구는 경남 진주시 인구보다도 적다. 이 목포시가 경부선 KTX의 부산과 같은 부동산시장의 한 축을 형성하기에는 수요요인이 부족할 수밖에 없다. 따라서 광주송정역이 부각될 수밖에 없는데, 이 또한 넘어야 할 산이 높고 계곡이 깊다.

광주송정역은 호남선 KTX의 거점역으로 호남권의 발전과 광주도시권의 성장에 필수적인 교통 인프라다. 광주송정 역세권 이용의 주요 교통수단은 승용차와 택시 등이며, 연계교통체계의 미비, 주차장과 역사편의시설의 부족 및 환승시설 미비 등의 문제점

KTX 오송역 이용고객 수

구분	2010년	2011년	2012년	2013년	2014년	2015년
숫자	17만 명	120만 명	149만 명	228만 명	291만 명	411만 명

* 2010년 11월 개통 기준

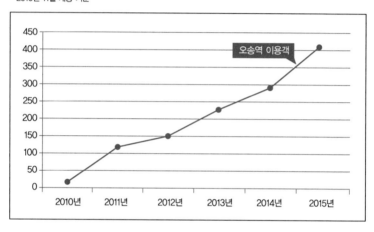

들이 나타나고 있다. 복합환승센터, 주변기반시설 정비 등 역세권 개발이 이루어져야 할 것이다. 시간이 필요하다는 말이다.

분기점에 대한 투자도 고려해볼 만하다. 경부선과 호남선의 분기역 기능을 갖춘 KTX 오송역에 주목해보자. KTX 오송역은 최근 들어 승객이 크게 늘면서 바이오밸리의 중심교통축으로 주목받고 있다. 2016년 상반기 개통 이후 이용객이 240만 명을 넘어섰다. 이는 지난해 같은 기간보다 30%가 늘어난 수치다. 오송역의 접근성이 개선된 데다 호남선 개통으로 KTX의 정차횟수가 늘어났기 때문이다. 이를 계기로 2016년 10월 현재 청주시에는 총 8곳의 도시개발사업이 추진 중이다. 공급과잉의 우려가 제기된다. 따라서 투자는 상가나 토지가 바람직할 수 있다. 분기점은 거주보다는 유동과 환승의 개념이다. 2015년 충북에서 토지가격 상승률이 가장 높았던 지역은 오송이 포함된 청주시 흥덕구임을 유념해야 할 것이다.

세종시,
여전히 유망한가?

05

최근 여러 악재에도 불구하고 세종시 부동산시장은 거침이 없다. 검찰의 불법 전매 수사에 따른 위기설은 이미 벗어난 지 오래다. 저금리 상황과 새 아파트에 대한 갈증이 주변 지역의 수요를 흡수하면서 분양시장은 초호황을 누리고 있다.

악재를 벗어나면서 오히려 호재가 겹쳤다. 정부기관의 4단계 이전과 청약자격 완화 등 호재가 뒤따랐다(세종시 아파트 우선공급대상 거주기간이 2년에서 1년으로 줄고, 거주자 우선 분양도 100%에서 50%로 축소되었다). 이에 가장 빨리 반응한 것은 분양시장이다. 2016년 상

2016년 세종시 반기별 청약경쟁률 현황

구분	2016년 상반기	2016년 하반기(7~10월)
청약경쟁률	10.5대 1	47.48대 1
총 청약자수	1만 1,664명	12만 7,019명

* 출처 : 금융결제원

Raw Data 아파트투유(apt2you) 홈페이지 〉 apt 〉 분양정보 및 청약경쟁률 〉 청약접수경쟁률

반기 10.5대 1에 그쳤던 청약경쟁률이 하반기로 접어들면서 53.88대 1로 급상승했다. 7월에서 10월까지 총 청약자수는 12만 7,019명으로 상반기(1~6월) 청약자 수(1만 1,664)를 10배 이상 웃돈다. 회복 수준이 아니라 세종시 부동산시장의 과열을 걱정해야 할 정도다.

물론 불안한 면도 있다. 2016년 들어 10월까지 매매가격 상승률은 1.76%로 전국 평균(3.66%)보다 낮다. 전체 시도 중에서는 6번째에 그친다. KB국민은행에 따르면 2015년 전국 아파트 매매가격이 4.9% 올랐으나, 세종시(-0.51%)는 나 홀로 하락세를 보였다. 어느 지역이라 특정할 것 없이 고공 행진한 전세가격도 세종시에서는 뒷걸음질(-1.36%)쳤다. 2015년부터 이어지는 이런 약세 행진은 공급과잉 때문으로 보인다. 2011년부터 2015년까지 매년 1만 가구가 넘게 분양 물량이 쏟아졌고, 입주물량 또한 지난 2년간(2014~2015년) 3만 가구를 넘어섰다.

2016년(1~10월) 아파트 매매가격 상승률 상위지역

지역	부산	서울	강원	경기	인천	세종	제주
매매가 상승률	8.49%	6.96%	2.85%	2.49%	2.48%	1.76%	1.67%

* 출처 : 부동산114

하지만 최근의 세종시 부동산시장의 약세는 일시적이라는 의견이 우세하다. 시장에서는 세종시의 부동산시장은 중장기적으로는 강세를 보일 것으로 전망한다. 이를 뒷받침하는 가장 큰 요인은 인구의 증가다. 2016년 들어 과거에 비해 인구유입이 다소 줄어들었지만 세종시는 여전히 중부권 인구의 블랙홀이다. 주변 청주와 대전 등지에서 유입되는 인구는 안정적이다. 특히 청약자격 완화와 지방임에도 불구하고 중도금대출 보증한도를 6억 원으로 책정하는 등 분위기를 이어가는 데는 큰 지장이 없어 보인다. 물론 11·3 부동산대책에 조정지역으로 포함된 점 등은 우려할 만한 사항이다. 하지만 이는 현재의 과열을 식히는 정도에 그칠 것으로 보인다.

세종시 주택시장이 쉽게 냉각되지 않을 것으로 보는 이유 중 또 다른 하나는 입주(분양) 물량의 감소다. 부동산114에 따르면 2015년 1만 7,382가구에 달했던 세종시 입주물량은 2016년에는 7,584가구로 56%나 줄어들 것으로 예상된다. 분양 물량 또한 줄어들고

행정중심 복합도시의 단계별 사업계획

구분	기능	규모	개발방향
1단계 (2007~2015)	• 중앙행정 · 도시행정기능 • 정부출연연구기능 • 국제교류 및 문화기능 • 대학기능	15만	• 초기 집중개발 유도 • 대중교통중심도로의 완성 • 기존 기반시설의 이용 및 접근성 제고
2단계 (2016~2020)	• 의료 · 복지기능 • 첨단지식기반기능	30만	• 자족기능 중심의 개발확대 • 도시 전반적 기반시설의 확대 설치
3단계 (2021~2030)	• 기존 도입기능의 완비	50만	• 주거지 확충 • 도시 전반적 기반시설 완비

* 2030세종도시기본계획(2014년 2월)

있다. 2016년 분양(예정) 물량은 지난 5년 간 가장 적은 1만 1,297 세대에 그칠 것이다. 증가하는 수요에 비해 공급이 안정적이어서 긍정적이다.

중앙행정기관 4단계 이전과 함께 2단계 도시조성사업이 중요한 과제가 될 것이다. 이를 거쳐 3단계가 마무리되는 2030년이 되면 50만 명의 계획인구가 조성될 것이다. 현재 인구의 2배 수준이며 지금의 공급을 충분히 흡수할 수 있는 규모가 될 것이다.

2단계부터 시작되는 사업은 의료복지기능과 대학기능에 초점이 맞춰져야 할 것이다. 물론 산업기능도 있지만 세종시가 산업단지로서 자리 잡기는 쉽지 않을 것이다. 부동산수요 측면에서는 1단계에서 2단계까지는 계획한 바대로 잘 이루어진 것으로 보인다. 하지만 3단계로 접어들면 2단계의 인구보다 20만이나 많은 수요가 채워져야 한다. 대학과 의료복지 수요와 함께 청약자격 완화가 주변 수요를 견인해야 할 것이다.

정부청사 4단계 이전을 완료하면서 세종시 부동산시장의 주축 수요인 행정수요는 마무리된다. 하지만 공무원의 순환보직으로 기존의 수요는 또 다른 수요로 물갈이 될 것이다. 현재와 같이 세종시 부동산시장이 호황이면 기존의 행정수요가 부동산을 적극적으로 처분하지는 않을 것으로 보인다. 기존 수요가 부동산을 적극적으로 처분하지 않는다면 또 다른 수요는 수요요인을 증가시켜주는 추가 수요로서의 역할을 할 것이다.

대전 지하철 1호선을 세종시까지 연장하는 방안도 추진된다. 만약 실현되더라도 상당한 기간이 소요되겠지만 대전시와 세종시 모두에게 도움이 될 것이다. 어쩌면 인구유출이 심각한 대전시에서 서두르는 계획이 아닐까 싶다. 중부권 수요에 얽매이지 않고 수도권의 수요도 흡수하겠다는 전략이다. 실현된다면 호재가 아닐 수 없다.

세종시의 부동산투자는 단기적으로는 분양아파트가 매력적이다. 투입비용도 적고, 빠른 회수가 가능하기 때문이다. 하지만 중장기적인 관점에서 본다면 기존 아파트의 상승 여력이 훨씬 더 크다고 볼 수 있다. 청사 주변의 기존 아파트들은 현재 많이 올랐지만 장기적인 호재는 청사 주변이 더욱 많다. 따라서 투자기간을

신도시 상가용지 비중

신도시	일산	분당	판교	동탄	세종시
상가 비중	8.3%	7.8%	1.4%	4%	2.2%

고려해서 상품을 선택해야 할 것이다.

상가투자는 언뜻 판단하기에는 좋을 수 있다. 상업용지의 비중이 2.2%이니 다른 신도시에 비해서는 경쟁력 있어 보인다. 하지만 녹지비율이 52%인 세종시의 상가 비중은 다르게 판단해야 한다. 현재의 상가 비중을 2배는 많게 보는 것이 정확할 수 있다. 특정 업종(약국 등)에 집중해야 할 필요가 있다.

강원, 동계올림픽에 맞춘 새로운 투자전략 필요

06

우리나라 사람들의 레저 활동의 지역 범위는 제한적이다. 2시간이 넘어서는 지역으로의 이동을 불편해한다. 천혜의 자연환경을 가진 강원도의 부동산시장이 소외받는 이유는 이러한 불편이 크게 작용한 것으로 보인다. 서울춘천고속도로나 영동고속도로가 지나는 춘천, 원주, 강릉 정도가 외부수요의 마지노선이었다. 하지만 이제는 이러한 거리개념이 바뀔 것 같다.

강원도 부동산시장을 이야기할 때 2018년 평창 동계올림픽을 빼놓을 수 없다. 3번의 도전 동안 지속적으로 롤러코스터 시세를

연도별 강원도 건축물 거래현황　　　　　　　　　　(단위 : 건)

구분	2011년	2012년	2013년	2014년	2015년	2016년
건수	50,790	44,157	43,116	49,749	50,788	51,127

* 출처 : 한국감정원(2016년 1~10월)

Raw Data 한국감정원 홈페이지 〉 부동산통계정보 〉 부동산통계 〉 부동산거래현황 〉 건축물거래현황 〉 월별행정구역별

형성했던 이유도 동계올림픽 개최가 엄청난 호재이기 때문이다. 동계올림픽도 중요하지만 부동산시장에 미치는 영향으로는 교통여건의 개선을 따라올 수는 없다.

2016년 11월 개통한 경기도 광주와 강원도 원주 간을 잇는 제2영동고속도로는 서울 강남에서 평창까지의 이동시간을 90분으로 단축한다. 공사 중인 중앙선고속전철화철도도 서원주에서 강릉구간과 서울에서 원주 구간(현재 운영 중)이 내년 말 연결되면 서울에서 평창까지 1시간이면 이동할 수 있다. 충주로 온천여행을 즐겼던 노인 분들이 이제는 평창으로 계곡여행을 다녀올 수도 있게 되었다는 말이다. 이러한 영향은 가격에도 반영이 되어 2016년 들어 10월까지 강원도의 아파트 매매가격 상승률은 2.85%로 전국에서 3번째로 높다.

2015년 강원도의 건축물 거래는 5만 788건이었다. 지난 5년간(2010~2014년) 연평균 거래량이 4만 5,682건이었던 것을 감안하면

연도별 강원도 주택 거래현황 (단위 : 건)

구분	2011년	2012년	2013년	2014년	2015년	2016년
건수	39,134	32,660	34,264	42,416	42,673	41,547

* 한국감정원(2016년 1~7월)

Raw Data 한국감정원 홈페이지 〉부동산통계정보 〉부동산통계 〉부동산거래현황 〉주택 거래현황 〉연도별 행정구역별

큰 증가세다. 2016년 들어서도 마찬가지다. 10월 현재 이미 5만 1,127건의 거래가 이루어져 2011년 이후 가장 높은 거래량을 기록했다.

주택거래량도 증가세다. 2016년 들어 10월까지 4만 1,547건의 주택거래가 있었는데 연말까지 5만 건 내외를 기록할 것으로 보인다. 2015년의 거래량 4만 2,673건을 훌쩍 넘어설 것으로 예상된다. 강원도 부동산시장이 활황을 보이자 인허가나 준공 건수 또한 사상 최고를 기록 중이다.

원주 혁신도시 사업효과로 시작된 강원 부동산시장의 호황은 평창 동계올림픽까지는 지속될 것으로 보인다. 하지만 그 이후의 부동산시장에 또 다른 호재가 나타나지 않는 한 지속적인 외부수요를 확보하기는 쉽지 않을 전망이다. 평창 동계올림픽은 평창과 강릉 그리고 정선의 총 13개 경기장에서 열린다. 이중 7개 경기장이 새로 건설된다. 올림픽 유치 신청 당시 8조 8,000억 원이었던

예산은 2015년 이미 13조 원으로 증가했으며 아직 2년의 기간이 남아 있어 최종 예산은 이보다 더 늘어날 것이다. 2015년 강원도의 재정자립도는 18%로 광역도 평균 재정자립도 30%보다 매우 낮은 수치다. 중앙정부의 재정지원으로 치러진 올림픽이 끝나고 나면 강원도는 부채상환과 대규모 시설의 사후 유지관리비용으로 재정상 어려움이 가중될 것이다. 부동산시장 또한 이러한 영향을 벗어나기는 쉽지 않을 것이다.

지역별로 차별화된 투자전략도 요구된다. 평창과 정선과 같은 곳은 수익형부동산으로 접근하고, 강릉과 같은 주거지는 아파트나 테라스하우스 같은 주거상품에 관심을 갖는 것이다. 평창과 정선은 상주인구보다 관광객 등 유동인구가 많은 관광지의 성향이 크기 때문에 호텔 등의 상품에 대한 수요가 있을 것으로 보이고, 강릉은 유동인구보다는 상주인구가 많은 지역이기 때문에 세컨드하우스 등 자본차익이 가능한 아파트 등이 적절할 것이다.

김해공항 확장, 서부산 개발에 어떤 영향을 미칠까?

특정 지역을 분류하는 기준으로는 행정구역을 들 수 있다. 행정구역으로 지역을 구분하는 것은 공식적인 분류다. 그러나 부동산시장에서는 공식적이지 않은 분류방식을 선호하는 경우가 많다. 사실 서울을 강남과 강북으로 분류하는 기준도 전혀 공식적이지 않다. 한강의 남쪽에 위치한 영등포구를 어느 누구도 강남으로 분류하지는 않는다.

부산에서도 공식적인 것은 아니지만 도시를 동부산과 서부산으로 분류한다. 한국감정원에서 사용하는 통계를 보면 중부산을 따로 분류하기도 하는데 부동산시장에서는 중부산을 별도로 고려하지 않는다. 서울의 강남처럼 부산은 동부산이 핵심지역이며 부동산의 가격 또한 높다. 동부산에는 부산의 대표적인 주거선호지역인 동래와 해운대가 포함되어 있다. 하지만 향후 10년 후에도 동부산과 서부산이 지금과 동일한 의미를 가질지는 모르겠다. 그 이유는 부산시에서 야심차게 추진하는 서부산 개발 때문이다.

부산은 서부산 개발로 생태, 산업, 문화, 관광, 정주환경이 어우러지는 도시를 조성하여 2030년 세계 명품도시로 발돋움하려고 한다. 공항, 항만, 철도를 연계한 물류삼합(Tri-Port)도 완성, 세계 30위권 글로벌도시로 진입하고 평균소득 5만 달러 시대를 여는 등 메가도시로 성장한다는 계획이다. 서부산은 지역적으로 북구와 사상구를 포함하지만 서부산 개발의 핵심은 강서구에 집중되어 있다. '서부산 개발 7대 사업'★ 중 사상스마트시티를 제외하고는 모두가 강서구에서 이루어진다. 서부산 개발의 중심축이었던 가덕신공항 개발이 무산되고 김해공항 확장이라는 호재를 얻었으나 에코델타시티 등을 포함한 서부산 개발의 핵심지역이 영향을 받을 것으로 예상된다.

★ 서부산 개발 7대 사업은 ① 에코델타시티 ② 국제산업물류도시 ③ 연구개발특구 ④ 항공클러스터 ⑤ 명지국제업무도시 ⑥ 사상스마트시티 ⑦ 가덕도종합개발로 이루어져 있다.

서부산 개발 주요사업

사업명	위치	기간	주요내용	사업비(원)
에코델타시티	강서구 명지, 강동구 대저동	2012~2020	친수 친환경 명품도시 조성	5조 4,386억 원
명지국제신도시	강서구 명지동	2003~2020	국제업무, 교육도시 조성	2조 9,086억 원
김해신공항	강서구 대저동	2021~2026	영남권 국제관문공항	4조 4,000억 원
국제산업 물류도시	강서구 미음, 녹산, 송정동	2010~2017	부산신항 배후 동북아 물류허브 육성	2조 1,641억 원
항공클러스터	강서구 대저동	2012~2025	부품소재 등 항공산업 육성	1조 9,000억 원
연구개발특구	강서구 강동동	2014~2020	조선해양플랜트 첨단, 신기술메카 조성	2조 5,000억 원

* 출처 : 부산광역시

Raw Data 부산광역시 홈페이지 〉 실국 사이트 〉 서부산 개발본부 〉 자료실

V자로 알려진 추가된 활주로는 필연적으로 안전과 소음문제가 발생할 수밖에 없다. 새로 들어설 활주로는 서김해IC 방면으로 신설하는 것으로 새로이 김해시의 특정 동이 이착륙 공역에 추가로 포함되어 소음피해 지역은 더 넓어진다. 특히 김해신공항으로 확장되면 하루 270편 운항이 820편으로 늘어나면서 소음피해는 더 커질 수밖에 없다. 서부산 개발에서는 에코델타시티가 최대의 피해를 볼 것으로 예상된다. 강동동 일원에 계획된 주거지역은 변경이 불가피하다. 항공클러스터 또한 무산될 위험이 높다. 특정용도

는 기존의 개발계획에서 흡수할 가능성이 있지만 새로운 사업지를 지정해야 할 필요성 또한 높다. 대체부지가 어디일지가 벌써부터 초미의 관심사다. 김해 신공항을 중심으로 새롭게 계획을 세우고 시행해야 할 것으로 보인다. 2016년 12월 말까지로 계획된 예비타당성 조사를 주목해야 할 것이다.

서부산 개발의 핵심은 에코델타시티와 함께 명지국제신도시다. 인천 송도를 벤치마킹하여 추진된 사업이지만 송도와는 다른 방식으로 개발하고 있다. 송도와 명지의 가장 큰 차이점은 송도는 산업 인프라를 구축한 이후 주거 인프라를 구축한 반면, 명지는 주거 인프라를 구축한 이후 산업 인프라를 구축한다는 전략이다. 한때 송도는 유령도시라는 오명에 시달리면서 아파트 가격이 오랫동안 약세를 보였다. 그 이유는 주거시설의 입주가 산업보다 늦다 보니 주거 시설에 대한 입주율이 높지 않으며 주말이 되면 텅 빈 도시가 되었기 때문이다. 이러한 문제점을 극복하고자 서부산 개발은 주거 인프라를 먼저 구축하고 있다. 2016년 부산 지역 아파트의 입주물량은 모두 1만 2,884세대로 예상하지만 이중 가장 많은 33.5%의 물량이 강서구의 명지동에서 쏟아진다. 대방노블랜드, 명지호반베르디움, 금강펜테리움센트럴, 협성휴포레 등 적게는 670세대, 많게는 1,664세대의 단지들이 입주(예정) 중이다.

주거 인프라가 먼저 구축된 이후 산업 인프라가 구축되면 아파

2016년 강서구 입주 예정 물량

구분	부산	강서구
입주물량	1만 2,884세대	4,313세대
비중	100%	33.8%

* 출처 : 부동산114

트 가격에는 긍정적인 영향을 줄 수 있다. 입주 후에도 산업 인프라가 하나씩 완성되면서 계단식 가격 상승이 이어질 수 있기 때문이다. 서울의 대표적 산업기반의 신도시인 마곡지구의 경우에도 아파트 단지의 1차 입주가 이미 2014년에 이루어졌고 2차 입주도 2016년이다. 하지만 마곡산업단지의 핵심인 LG사이언스파크는 2018년부터 입주할 계획이다. 2018년 이후에도 가격 상승의 혜택을 볼 수 있다는 말이다. 여기에 더해 명지동에 입주하는 아파트 단지의 경우 실거주와 투자를 구분해서 접근한다면 좋은 결과를 얻을 수 있을 것이다. 실거주의 경우 생활환경의 쾌적성을 먼저 따져야 할 것이고, 투자의 경우에는 가격 대비 임대료 수준을 고민해야 할 것이다.

하지만 우려할 만한 사항도 있다. 에코델타시티는 강서구 명지동, 강동동, 대저2동 일원에 조성되며, 낙동강 수변을 활용한 친수, 생태형 글로벌 명품도시 건설을 목표로 한다. 서부산 개발의 핵심사업인 에코델타시티는 서낙동강 수계의 수변을 활용한다.

안타깝게도 현재 낙동강 수질은 IV등급으로 수질 개선이 선결과제로 대두되고 있다. 평강천과 맥도강이 만나 세 갈래 물줄기를 이루는 세물머리 지역에 문화, 레저특구를 조성하는데 현재의 수질등급으로는 수변문화, 레저를 위한 레크리에이션 용수로는 부적합하다. 에코델타시티사업단은 수질개선대책을 통해 2025년까지 하천환경기준을 II등급으로 개선할 계획인데 4대강 사업으로 인한 녹조현상이 심화되면서 가능 여부가 관심사다. 수질이 개선되지 않을 경우 어떠한 레저 활동도 불가능하게 되어 애초 계획된 서부산 개발마저 타격을 입게 될 것이다.

최근 조합원을 모집한 김해대동첨단산업단지의 입주대상 업종도 걱정거리다. 차세대반도체, 미래형자동차, 로봇, 바이오/나노, 신재생에너지 등의 업종을 모집하는데 안타깝게도 C28(전기장비제조업), C29(기타 기계 및 장비 제조업) 업종 또한 포함되어 과연 위대한 낙동강시대를 대비한 산업단지인지 의문이 든다. 이 두 업종의 경우 일반 공장과 크게 다를 바 없는 업종이 입주할 가능성이 높다. 이렇게 입주허용업종의 범위가 넓으면 도시형 산업단지로의 자리매김은 어렵게 될 것이다. 입주허용업종을 제한적으로 운영할 필요가 있다.

서부산 개발은 부산의 핵심적인 사업이다. 낙동강을 중심으로 런던 템스강, 파리 센강 등 강을 끼고 발전한 세계 주요 도시들처럼 명품도시를 꿈꾼다. 하지만 우리에게는 다소 생소한 개발방식이며, 여러 문제점을 내포하고 있다. 향후 사업진행방향을 면밀히 검토한 단계별, 상품별(토지, 아파트) 접근이 필요하다. 김해 신공항으로 인한 연구개발단지의 대체부지와 함께 소음의 영향이 최소화되는 김해 쪽의 투자가 유망할 것이다. 부산시의 토지거래허가구역 지정 움직임에 주목할 필요가 있다.

제주,
힘에 부치나?

08

제주 지역은 2013년 이후 부동산가격 상승세가 커지는 추이를 보이는 가운데 2014년 이후부터는 급격한 상승세를 보이면서 여타 지역과의 격차를 크게 확대했다. 2014년과 2015년 아파트 매매가격 상승률은 각각 17.85%, 10.06%였다. 당시 전국 평균 아파트 매매가격 상승률이 3.27%와 5.96%였으니 놀라운 상승률이었다.

2015년 10월 경매 매각가율은 140.57%로 낙찰가액이 감정가액을 훌쩍 넘었다. 당시 전국 경매 매각가율 평균이 92.40%에 그친 점을 감안하면 무섭다는 표현이 적절할 듯하다. 지가지수 상승

아파트 매매가격 상승률

연도별	전국	제주	서울
2014년	3.27%	17.85%	2.40%
2015년	5.96%	10.06%	6.07%

* 출처 : 부동산114

률 또한 엄청났다. 2015년 제주의 땅값은 7.6% 상승하여 전국 최고의 상승률을 기록했다.

이러한 제주 지역의 부동산시장이 최근 주춤하는 모양새다. 2016년 1분기 아파트 매매가격이 1.63% 올라 전국 최고의 상승률을 기록했지만 2분기에는 0.33%로 전국 평균인 0.82%에 미달했다. 3분기에도 0.16%로 1.85%인 전국 평균보다 낮다.

제주의 부동산시장이 주춤하는 상황에는 2가지 큰 변수가 작용한 것으로 보인다. 첫 번째는 부동산투자이민제도의 변경 연장이다.★ 제주 지역 부동산투자이민제도는 2010년 도입되어 해외자본 유치에 기여했지만 난개발 논란이 대두되면서 제도개선의 필요성이 지속적으로 제기되었다. 제주도가 제시한 대책 중 적용지

★ 법무부는 2016년 5월 제주에 시행되고 있는 부동산 투자이민제도의 적용기간을 2018년 4월 30일에서 2023년 4월 30일로 변경하는 내용을 담은 '부동산의 투자지역, 투자대상 및 투자금액 등에 관한 기준'을 개정, 고시했다. 부동산투자이민제는 콘도 등 휴양체류시설에 5억 원 이상에 투자한 외국인에게 거주(F-2)비자를 발급해주고, 5년이 경과하면 영주권(F-5)을 부여하는 제도다.

제주 부동산투자이민제 대상 콘도 분양실적

구분	2013년	2014년	2015년	2016년(1~6월)
건수	667건	508건	111건	115건
금액	4,531억 5,400만 원	3,472억 7900만 원	1,013억 6400만 원	692억 3200만 원

Raw Data 제주특별자치도 홈페이지 〉 분야별정보 〉 경제/투자 〉 투자유치 〉 투자관련 자료실

역을 관광단지 및 관광지로 제한하는 방안이 통과되어 예전과 같은 호황을 누리기는 쉽지 않다는 의견이다. 두 번째는 중국인들의 투자지역이 제주도에서 서울로 바뀌고 있다는 지적이다. 2016년 10월 현재 중국인이 보유 중인 서울의 토지(필지)는 작년 말과 비교해 10% 증가했다. 자치구별로는 마포구와 영등포구에 집중되어 있는데 과거 거주, 휴양 개념에서 투자 수요가 다양화되면서 서울의 중소형 빌딩이나 상업용지 등에 투자하는 것으로 보인다.

하지만 대부분의 전문가들은 지금 제주 부동산시장이 조정을 받는 현상은 일시적이며, 향후 안정적인 성장세를 유지할 것으로 판단하고 있다. 부동산투자이민제도가 다소 바뀌긴 했어도 연장이 확정되면서 불확실성이 상당 부분 사라졌다. 실제로 부동산투자이민제 투자대상 콘도의 분양 실적이 2014년 508건(3,472억 7,900만 원)에서 2015년 111건(1,013억 6,400만 원)으로 급격히 감소했으나 2016년 상반기에는 115건(692억 3200만 원)으로 증가해 해외 투자자들의 관심이 다시 증가했음을 보여준다.

제주 지역 부동산시장의 미래를 긍정적으로 보는 가장 큰 이유는 급격히 늘어나는 인구다. 제주 지역의 인구는 지역경제 호조, 정책적 유인(기업유치, 혁신도시, 해군기지, 국제학교) 등으로 2010년 순유입으로 전환한 후 유입 인구의 규모가 점차 확대되고 있다. 순유입의 규모는 2010년 400명 선에서 2015년에는 1만 4,000명으로 늘었으며, 2016년 1분기 중에는 전년 같은 기간 대비로 무려 38%(4,183명)나 증가했다. 9월 현재까지 1만 1,752명이 순유입되었다. 규모면에서 경기와 세종시를 제외하면 제주도보다도 순유입 인구규모가 더 큰 곳이 없다. 현재와 같은 유입 규모는 2017년을 정점으로 점차 둔화되겠지만★ 인구가 감소하는 여타 지자체에 비하면 인구과밀과 인프라 부족을 걱정하는 행복한 고민일 것이다.

제주에 늘어나는 인구의 상당 부분은 귀농인이다. 제주 서귀포시와 제주시는 2015년 전국에서 귀농인 규모가 가장 큰 시군이다. 은퇴 후 노후 전원생활을 누리기 위한 인구 또한 상당하다. 귀농·귀촌이 트렌드로 정착한다면 제주시의 인구증가는 더욱 자연스러운 현상이 될 것이다.

★ 한국은행의 발표자료에 의하면 2016년 이후 2019년까지 연평균 2.4~2.6%의 인구증가를 예상함.

2016년 월별 주요 지역 순유입 인구규모 (단위 : 명)

지역별	1월	2월	3월	4월	5월	6월	7월	8월	9월	합계
세종	4,363	4,506	3,155	1,814	2,278	2,159	1,591	2,179	1,426	23,471
경기	9,190	9,794	9,264	7,554	10,377	10,215	13,224	15,118	11,058	95,794
제주	856	1,738	1,589	1,609	1,458	1,197	1,329	1,127	849	11,752

* 통계청

Raw Data 통계청 홈페이지 〉 국가통계포털(KOSIS) 〉 인구 · 가구 〉 인구이동 〉 국내인구이동통계 〉 시군구별 이동자수

귀농인 규모 상위 시군

구분	1순위	2순위	3순위	4순위	4순위
시군	제주 서귀포시	제주 제주시	경남 밀양시	경북 김천시	경북 의성군
귀농인	212명	179명	163명	162명	162명

*농림축산식품부(2015년)

Raw Data 농림축산식품부 홈페이지 〉 알림소식 〉 보도자료 〉 2015년 귀농어 · 귀촌인 통계

제주 부동산시장의 또 다른 이슈는 지금 전국을 흔들어놓고 있는 재건축사업이다. 현재 제주에서 재건축 정비사업이 이뤄지고 있는 공동주택은 도남주공연립과 이도주공 1단지와 2 · 3단지, 노형 국민연립, 연동 고려 · 대지연립 등 5곳에 이른다. 하지만 시행 준비중인 단지도 제원아파트를 포함해 인제아파트, 영산홍아파트(이도2동), 유나이티드아파트 등 3~4곳으로 파악되고 있다.

제주시 지역에서 20년 이상, 20세대 이상의 공동주택은 모두 361곳, 4만 5,662세대다. 이 가운데 재건축 대상 건축물은 1995

년 이전에 준공한 곳으로 162곳, 1만 4,594세대다. 최근의 부동산 경기 상승으로 제주 지역 재건축은 강한 활황세를 보일 것으로 예상된다. 이들 공동주택의 재건축 추진 방향이 제주 지역 아파트 시장에, 나아가 제주 지역 전체 부동산시장에 상당한 영향을 미칠 것으로 보인다.

제주 지역의 아파트 시장이 호황을 보이지만 부동산투자는 상가와 토지를 빼놓을 수 없다. 한국감정원의 자료에 의하면 2016년 3분기 제주 상가의 투자수익률은 1.6~1.8%대로 전국 평균보다 웃돌며 16개 시도 가운데 가장 높은 수준이다. 노형오거리 상권 등에서 상가에 대한 관심과 수요가 높은 점이 수익률 상승으로 연결되었다는 분석이다.

2015년 11월 제2공항 건설 추진 발표 이후 땅값이 크게 오르는 등 토지시장이 호황기를 맞고 있다. 올 3분기까지 지가상승률은 6.92%로 전국 최고의 상승률을 기록했다. 다음이 세종시인데

2016년 3분기 상업용 부동산 투자수익률　　　　　　　(단위 : %)

구분	중대형상가	소규모상가	집합상가
전국	1.38	0.88	1.19
제주	1.73	1.81	1.62

Raw Data 한국감정원 홈페이지 〉 부동산통계정보 〉 부동산통계 〉 상업용부동산 임대동향조사 〉 수익률정보 〉 지역별수익률 〉 투자수익률

3.47%에 그친다. 특히 제주 제2공항 건설이 예정된 서귀포시 땅값은 전국 평균(1.96%)의 4배에 가까운 7.32% 상승률을 보였다. 제주 제2공항은 서귀포시 성산읍 온평·수산·난산·신산·고성리 등 5개 마을에 걸쳐 약 500만㎡ 부지에 들어선다. 공항 규모는 3,200m 활주로 1본과 여객터미널 등을 갖추게 된다. 연간 여객 수용능력은 2,500만 명이다.

제주는 제2공항 건설이 확정됨에 따라 제2공항 인근 지역에 '에어시티(공항 인근 복합도시)'를 조성, 공항건설 효과를 극대화할 계획이다. 에어시티는 단순한 교통수단으로서의 공항기능을 넘어 제2공항을 중심으로 상업과 관광, 문화, 쇼핑, 오락 등 다양한 기능을 갖춘 도시를 의미한다. 따라서 제2공항에 대한 투자는 공항과 함께 새롭게 조성될 에어시티를 고려하여야 할 것이다. 나아가 3년간 토지거래가 제한되기 때문에 중장기 차원의 접근이 필요하다.

4장

랭킹으로 본 부동산시장

어떤 아파트가
많이 올랐나?

01

수도권에서 매매가 상승률이 가장 높았던 아파트 10곳

2016년 10월까지 매매가격 상승률이 가장 높았던 수도권의 아파트 단지는 서울에 7개가 포함되었다. 강남구 소재 아파트가 4개나 포함되었는데 입주년도가 1980년대인 경우가 많아 재건축 아파트 이슈가 반영된 것으로 보인다.

마곡지구의 가격 상승이 강서구 지역의 아파트에도 파급되어 그동안 저평가된 아파트들의 가치가 함께 상승하면서 강서구의

수도권에서 매매가 상승률이 가장 높았던 아파트 10곳

순위	지역	세부 지역	아파트명	세대수	3.3m²당가격	상승률	입주년도
1	서울	강서구 가양동	가양2단지 성지	1,624	1,600.2	45.5%	1992.11
2	서울	강서구 등촌동	주공3단지	1,016	1,968.9	40.0%	1995.10
3	서울	서초구 잠원동	한산13차	180	3,499.8	40.0%	1982.04
4	경기	안양시 동안구 비산동	뉴타운삼호 1,2차	600	1,350.8	38.2%	1981.09
5	경기	평택시 지산동	현대	299	557.7	38.1%	1992.10
6	서울	강남구 개포동	주공1단지	5,040	8,056.8	37.8%	1982.05
7	경기	고양시 일산동구 마두동	백마3단지 금호	558	1,174.7	37.6%	1995.04
8	서울	양천구 신정동	목동신시가지 11단지	1515	2,800.3	37.4%	1988.11
9	서울	강남구 압구정동	구현대3차	432	4,928.4	35.4%	1976.12
10	서울	강남구 일원동	수서	720	2,694.6	34.7%	1992.11

* 출처 : 부동산114

아파트가 1, 2위를 기록했다. 목동 또한 강남 재건축 아파트의 강세를 반영하면서 재건축에 대한 기대감으로 포함되었다.

지방에서 매매가 상승률이 가장 높았던 아파트 10곳

2016년 10월까지 매매가격 상승률이 가장 높았던 지방의 아파트 단지는 모두 부산에 소재했다. 해운대와 동래로 대표되는 동부산의 아파트가 대부분(9개)이고, 서부산권은 남부민동의 대진타워

지방에서 매매가 상승률이 가장 높았던 아파트 10곳

순위	지역	아파트명	세대수	3.3m²당 가격	상승률	입주년도
1	수영구 남천동	반도보라맨션	120	1,345.6	48.0%	1987.12
2	서구 남부민동	대진타워	120	472.3	47.8%	1987.08
3	해운대구 좌동	한일	662	1,413.1	41.3%	1996.06
4	수영구 남천동	남천파크	130	1,232.2	40.8%	1983.11
5	수영구 수영동	현대	1,180	1,666.7	40.0%	1988.12
6	해운대구 좌동	경남아너스빌	655	1,473.8	39.6%	1996.11
7	해운대구 우동	삼호가든	1,076	1,524.5	38.9%	1985.00
8	해운대구 좌동	대림3차	477	1,478.3	38.8%	1997.11
9	해운대구 송정동	해운대 송정우림필유	407	1,131.6	38.5%	2015.10
10	해운대구 좌동	벽산1차	880	1,342.1	37.8%	1996.08

* 출처 : 부동산114

하나였다. 동부산권에서도 바다 조망이 가능한 해운대와 수영구가 대부분이다. 재건축 이슈의 아파트와 함께 기존에 저평가되었던 해운대 좌동의 아파트가 가격 상승을 주도했다. 이로 인해 3.3m²당 가격 또한 1,000만 원을 훌쩍 넘어섰다.

가격 상승률은 오히려 수도권보다 높다. 하지만 이는 특정 지역에 국한된 움직임으로 전체 시장으로 확대해 적용하기는 어렵다.

재건축 아파트 중에서 매매가 상승률이 가장 높았던 10곳

2016년 들어 10월까지 가격 상승이 가장 높았던 재건축 아파트 10개를 추려보면 경기도는 안양시 비산동의 뉴타운삼호1,2차단 1곳만 포함되었다. 부산 해운대구의 삼익아파트가 가장 높은 상승률을 기록했다. 서울이 6곳이 포함되어 현재의 재건축 아파트 강세를 반영하고 있다. 서울은 강동구를 제외하고는 모두 강남, 서초 지역이다. 부산 만덕동 만덕대진과 광주의 화정동 삼익1차가 35% 내외의 상승률로 지방 재건축 아파트의 체면을 유지했다.

재건축 아파트 중에서 매매가 상승률이 가장 높았던 10곳

순위	지역	구시군	읍면동	아파트명	매매가격	상승률
1	부산	해운대구	재송동	삼익	1,015.7	47.7%
2	서울	서초구	잠원동	한신13차	3,499.8	40.0%
3	경기	안양시 동안구	비산동	뉴타운삼호1,2차	1,394.2	38.2%
4	서울	강남구	개포동	주공1단지	7,887.2	37.8%
5	서울	서초구	잠원동	한신12차	4,853.7	37.5%
6	서울	강동구	둔촌동	둔촌주공1단지	6,751.6	36.7%
7	서울	강남구	압구정동	구현대3차	4,928.4	35.4%
8	부산	북구	만덕동	만덕대진	781.3	35.1%
9	서울	강남구	압구정동	미성2차	4,097.7	34.3%
10	광주	서구	화정동	삼익1차	455.4	34.2%

* 출처 : 부동산114

어느 지역이
많이 올랐나?

02

수도권에서 아파트 매매가 상승률이 가장 높았던 10곳

2016년 10월까지 수도권에서 아파트 매매가격 상승률이 가장 높았던 지역은 서울 강남구의 개포동이었다. 상승률은 21.34%로 서울 지역 평균 매매가격(6.16%)보다 3배 이상 높은 상승률을 보였다. 개포동의 상승세는 재건축 아파트가 주도했다. 분양가가 높다는 대한주택도시보증공사의 판단으로 재건축 절차가 진행되지 못하는 이례적인 일까지 벌어졌었다.

수도권에서 아파트 매매가 상승률이 가장 높았던 10곳

순번	시별	구별	동별	상승률
1	서울	강남구	개포동	21.34%
2	인천	서구	대곡동	19.47%
3	서울	강동구	상일동	18.88%
4	경기	하남시	학암동	18.71%
5	경기	과천시	중앙동	16.82%
6	경기	과천시	별양동	15.31%
7	경기	과천시	부림동	14.79%
8	서울	서초구	잠원동	14.43%
9	서울	강동구	둔촌동	14.39%
10	서울	용산구	서빙고동	13.95%

* 출처 : 부동산114

두 번째로 높았던 지역은 인천 서구 대곡동이 19.47%로 인천시 평균(2.15%)보다 9배 이상 높은 상승률을 기록했다. 인천시 서구 대곡동과 원당동은 '검단스마트시티' 개발 사업으로 부동산시장이 들썩이고 있다. 하지만 두바이와의 협상이 무산되면서 상승세에는 제동이 걸릴 것으로 보인다.

다음은 서울 강동구 상일동으로 18.88% 상승했다. 고덕주공2단지를 재건축하는 '고덕그라시움' 아파트의 분양이 선전하면서 향후 고덕지구에서 분양될 재건축 아파트에 관심이 쏠리고 있다. 고덕지구는 2017년 총 4개의 단지가 분양하면 1만 세대(9,494가구)

에 가까운 물량이 공급될 예정이다.

다음은 경기 하남시의 학암동으로 18.71% 상승률을 보였다. 위례신도시가 자리한 학암동은 투자자뿐만 아니라 실수요도 많아 아파트 거래가 활발하다. 뒤이어 과천시의 중앙동, 별양동, 부림동이 앞서거니 뒤서거니 하면서 순위에 포함되었다. 현재 과천은 주공아파트 10곳이 재건축사업을 진행 중이다. 재건축 투자수요가 아파트 가격을 끌어올린 것으로 분석된다. 2017년에는 3.3㎡당 일반 분양가의 평균이 3,000만 원을 넘어설 것으로 기대한다.

서울의 서초구 잠원동도 10위 안에 이름을 올렸다. 잠원동 일대 아파트 단지 곳곳에 휘날리는 재건축 관련 플래카드를 보면 정부의 추가 규제에 민감하지 않은 곳임을 짐작케 한다. 잠원동 일대는 잠원한강공원과 인접해 다양한 레포츠와 운동시설, 수영장 등을 쉽게 이용할 수 있는데다 강남 8학군의 명문교육 인프라까지 구비하고 있어 수요자의 관심이 높다. 지하철 3호선과 올림픽대로, 강남대로, 한남대교 등이 있어 교통 여건은 덤이다. 용산구 서빙고동도 10위 안에 이름을 올렸다. 매물 자체가 많지 않은 가운데 수요가 꾸준히 이어지며 서빙고동의 아파트 매매가격을 끌어올렸다. 그동안 멈춰 있던 용산개발에 대한 기대감이 큰 것으로 보인다.

지방에서 아파트 매매가 상승률이 가장 높았던 10곳

2016년 10월까지 지방에서 아파트 매매가격 상승률이 가장 높았던 지역은 부산시 해운대구 좌동이었다. 무려 23.66%의 상승률을 보였다. 해운대 신도시로 명명되던 좌동은 해운대구에서도 저평가된 지역으로 인식되었는데 최근 부동산시장 상승에 따라 높은 상승률을 보였다. 대부분 1990년대 중반의 아파트로 재건축 이슈는 높지 않은 지역이다. 송정동은 최근(2015년 10월) 입주한 우림필유 아파트의 강세에 기인하는 바가 크다. 센텀시티가 있는 재송동

지방에서 아파트 매매가 상승률이 가장 높았던 10곳

구분	시별	구별	지역	상승률
1	부산시	해운대구	좌동	23.7%
2	부산시	해운대구	송정동	22.3%
3	부산시	해운대구	재송동	18.3%
4	부산시	수영구	남천동	18.2%
5	부산시	해운대구	반여동	15.5%
6	부산시	수영구	수영동	15.3%
7	경상북도	청도군	이서면	14.3%
8	제주시	서귀포시	서호동	13.7%
9	부산시	연제구	연산동	13.4%
10	광주시	남구	월산동	13.2%

* 출처 : 부동산114

의 경우 신규 아파트가 아닌 삼익, 재송시영 등 재건축 이슈가 있는 아파트의 강세로 높은 상승률을 보였다.

팔조령터널 개통 등 교통여건 개선이 두드러진 청도군 이서면도 대구, 경북 지역의 침체에도 불구하고 상승률이 높았다. 제주 제2공항이 확정된 서귀포시의 서호동도 13.67%의 상승률을 보였다. 10개 지역 중 부산시가 7곳이 포함되어 부산 부동산시장의 강세를 나타냈다.

청약경쟁률은
어디가 높았나?

03

전국에서 청약경쟁률이 가장 높았던 지역 10곳

2016년 아파트 청약경쟁률은 부산, 제주, 세종, 대구 그리고 서울 순으로 집계되었다. 부산이 3자리 수 경쟁률을 보이며 전국 평균의 6배가 넘는 청약경쟁률을 기록했다. 2015년 같은 기간 동안 75.5대 1의 경쟁률을 기록하면서 두 번째로 높은 경쟁률을 보였으나 대구 부동산시장의 침체로 인해 2016년에는 1순위로 올라섰다. 부산 청약시장의 호황은 청약자수의 증가에 기인한 바가 크

전국에서 청약경쟁률이 가장 높았던 지역 10곳

순번	지역	전체 경쟁률 (1~3순위)	1순위 경쟁률	일반 공급	총 청약자 수 (1~3순위)	1순위 청약자 수
1	전국	15.1	14.7	232,629	3,514,584	3,421,928
2	부산광역시	106.8	106.7	10,966	1,171,124	1,170,467
3	제주도	69.1	68.8	541	37,397	37,222
4	세종특별시	36.6	36.3	3,786	138,683	137,580
5	대구광역시	31.6	31.6	5,538	174,945	174,935
6	서울특별시	24.4	24.3	9,730	237,562	236,821
7	광주광역시	19.0	18.9	6,158	116,969	116,414
8	경상남도	15.1	15.0	31,468	473,675	470,823
9	울산광역시	14.1	13.9	4,980	70,081	69,119
10	경기도	9.2	8.7	96,079	888,073	835,106

* 출처 : 금융결제원

Raw Data 아파트투유(apt2you) 홈페이지 〉 apt 〉 분양정보 및 청약경쟁률 〉 청약접수경쟁률

다. 3자리 수의 경쟁률과 함께 총 청약자수 100만 명을 넘겨 88만 명의 경기도마저 가뿐하게 넘어섰다. 2015년 1위였던 대구가 5위로 내려앉았으나 기존 아파트 시장 침체에 비하면 청약시장은 선방한 느낌이다.

제주의 청약경쟁률 상승 또한 놀랍다. 2015년 같은 기간 3.4대 1에 그친 경쟁률이 무려 69.1대 1로 높아졌다. 이는 제주 부동산 시장의 호황과 함께 줄어든 분양 물량에도 기인한다. 2016년 서귀포시의 분양 물량은 2015년 2,457세대에 비해 급격히 줄어든 196세대에 그쳤다.

2015년(11.8대 1)과 비교해 전국 평균도 15.1대 1로 다소 높아지면서 분양시장의 호황이 지속되고 있음을 보여준다.

수도권에서 청약경쟁률이 가장 높았던 10곳

2016년 10월까지 수도권에서 청약경쟁률이 가장 높았던 아파트

수도권에서 청약경쟁률이 가장 높았던 10곳

순번	아파트	도시	시군구	읍면동	분양일	전체 경쟁률 (1~3순위)	일반 공급
1	아크로리버뷰	서울	서초구	잠원동	2016.10	306.6	28
2	디에이치아너힐즈	서울	강남구	개포동	2016.08	100.6	63
3	아크로리버하임	서울	동작구	흑석동	2016.07	89.5	287
4	미사강변 제일풍경채(A33)	경기도	하남시	풍산동	2016.07	82.4	560
5	의왕백운밸리 효성해링턴플레이스(C2)	경기도	의왕시	학의동	2016.10	78.3	145
6	하남미사 신안인스빌(A32)	경기도	하남시	망월동	2016.07	77.5	561
7	신촌숲 IPARK	서울	마포구	신수동	2016.10	74.8	395
8	동탄신도시동원 로얄듀크1차(A103BL)	경기도	화성시	영천동	2016.05	72.0	320
9	동탄2신도시 사랑으로부영(A71)	경기도	화성시	동탄면	2016.08	61.1	472
10	마포한강 IPARK	서울	마포구	망원동	2016.10	55.9	163

* 출처 : 금융결제원

Raw Data 아파트투유(apt2you) 홈페이지 〉 apt 〉 분양정보 및 청약경쟁률 〉 청약접수경쟁률

는 서초구에서 분양한 아크로리버뷰다. 2, 3위 모두 재건축 아파트로서 재건축시장의 강세가 순위에 반영되었다. 2015년에는 10곳 중 8곳의 청약경쟁률 상위 아파트 단지가 경기도 소재였으나, 2016년은 서울 재건축시장의 강세로 서울 지역의 아파트 단지들이 5곳으로 늘어났다. 강남을 제외하고는 최근 신규 아파트 단지로 급격히 변모해가면서 강북 아파트의 가격 상승을 주도하는 마포구가 2군데나 포함되었다.

경기도의 경우 하남과 동탄 등 신도시의 약진이 두드러지며, 분양시장을 이끌었다.

지방에서 청약경쟁률이 가장 높았던 아파트 단지 10곳

2016년 10월까지 지방에서 청약경쟁률이 가장 높았던 아파트는 부산에서 분양한 명륜자이다. 전체 경쟁률은 무려 523.6대 1로 수도권에서 가장 높은 경쟁률인 306.6대 1을 훌쩍 넘겼다. 부산 부동산시장의 호황을 반영하듯 10곳 중 7곳이 부산 지역에서 분양한 단지들이 포함되었다. 부산 부동산시장을 동부산권과 서부산권으로 분류해볼 수 있는데 7곳 모두 동부산권에서 분양한 아파트다. 부산 지역 아파트 청약시장의 강세는 2015년에 이어 지속

지방에서 청약경쟁률이 가장 높았던 아파트 단지 10곳

순번	아파트	지역	세부 지역	분양일	전체 경쟁률 (1~3순위)	일반 공급
1	명륜자이	부산	동래구 명륜동	2016.09	523.6	346
2	마린시티자이	부산	해운대구 우동	2016.04	450.4	180
3	힐스테이트수암(2단지)	울산	남구 야음동	2016.10	426.3	24
4	대연자이	부산	남구 대연동	2016.08	330.1	430
5	시청역스마트W	부산	연제구연산동	2016.09	329.4	81
6	거제센트럴자이	부산	연제구 거제동	2016.05	327.9	382
7	리슈빌수자인(4-1생활권M2) 수루배마을3단지	세종	세종시 반곡동	2016.10	323.7	212
8	아시아드코오롱하늘채	부산	동래구 사직동	2016.10	296.9	446
9	제주첨단과학기술단지 꿈에그린(A2)	제주	제주시월평동	2016.05	262.6	116
10	연산더샵	부산	연제구 연산동	2016.04	238.6	375

* 출처 : 금융결제원

Raw Data 아파트투유(apt2you) 홈페이지 〉 apt 〉 분양정보 및 청약경쟁률 〉 청약접수경쟁률

되고 있다. 대구 아파트청약시장이 활황이던 2015년에도 대구는 2군데에 그쳤었다. 11·3대책에 부산은 적용되었지만 분양권 전매는 자유로워 지금의 강세는 이어질 것으로 보인다.

부록 ——————————

11·3 부동산대책 주요 내용
(실수요 중심의 시장형성을 통한 주택시장의 안정적 관리방안)

주택시장의 안정적 관리방안

- 서울 전 지역, 경기·부산 중 일부 지역, 세종시 등은 '맞춤형 청약제도 조정' 및 '과도한 투자수요 관리'를 선별적으로 적용
  - 맞춤형 청약제도 : 전매제한기간 강화, 1순위 제한, 재당첨 제한
  - 투자수요 관리 : 중도금대출보증 강화, 2순위 청약통장 필요 등
- 디딤돌 대출 등 정책 모기지 등을 통해 실수요자 금융지원 지속
- 경쟁입찰, 용역비 공개, 신고활성화 등을 통해 정비사업 투명성 강화
- 〈청약시장 불법행위 상시 점검팀〉, 신고포상금제 등을 통해 청약시장 불법행위를 근절하여 실수요자 보호 및 시장질서 확립

실수요자 중심의 주택시장 형성 유도 및 주택시장 안정적 관리

실수요자 당첨기회 확대 (국지적 시장과열 완화)	실수요자 금융지원	주택시장의 투명성 제고		
맞춤형 청약제도 조정	과도한 투자수요 관리	자금지원 및 금융부담 완화	정비사업 제도 개선	청약시장 불법행위 근절

◈ 대상지역 ·서울 전 지역, 경기·부산 일부 지역, 세종특별자치시 ◈ 택지유형 ·지역에 따라 공공 또는 민간 또는 모두		◈정책모기지 지속 공급 ·디딤돌대출 등 모기지 차질없이 공급 ·적격대출의 은행별 한도 추가 배정 등 ◈LH분양 중도금 조정 ·1회차 납부시기도 4~8개월 연기하고, 중도금 비율 등 축소	◈경쟁입찰 확대 및 용역비 공개 ·일반경쟁 원칙, 민간수요자 전자조달시스템 사용 의무화 등 ◈금품·향응 수수행위 신고 활성화 ·신고포상금 및 자진신고제 도입 ◈정비사업 대출보증 요건 강화 ◈정비사업 조합 운영실태 점검	◈청약시장 불법행위 상시점검팀 운영 ·정기점검 외 과열이 발생한 지역은 불시점검 실시 ·각 호별 분양권 및 주택 거래내역 파악시스템 구축 ◈신고제도 활성화 ·신고포상금 및 자진신고제 도입 ◈부적격 당첨자 청약 제한기간 연장 ·3개월→1년
◈청약제도 조정 ·전매제한 기간 강화 : 1년 연장 또는 소유권이전 등기시 ·1순위 제한 : 대상 주택 청약시 2주택 이상 소유자 제외 등 ·재당첨제한 : 1~5년간 재당첨 제한	◈투자수요 관리 ·중도금 대출보증 발급요건 : 계약금 5→10% ·2순위 청약시에도 청약통장 필요 ·1순위 청약일정 분리 : 당해/기타 구분 ·청약가점제 비율 유지(40%)			

➡ 실수요자의 내 집 마련 기회를 확대하고, 주택시장도 안정적으로 관리 → 국민경제 안정 및 지속 발전에 기여

국지적 시장과열 완화 및 실수요자 당첨기회 확대

● 서울 전 지역, 경기·부산 중 일부 지역, 세종시 등은 전매제한기간, 1순위 제한, 재당첨 제한 등을 조정(부산은 전매제한 제외)

- 지역에 따라 조정되는 대상을 '공공택지' 또는 '민간택지' 또는 '공공+민간택지'로 선별적으로 정함

▶ **조정 대상지역**

광역지자체	기초지자체	택지 유형
서울특별시	25개 구	민간택지＋공공택지
경기도	과천시, 성남시	민간택지＋공공택지
	하남시, 고양시, 남양주시, 화성시(동탄2에 한함)	공공택지(민간택지는 제외)
부산광역시	해운대구, 연제구, 동래구, 남구, 수영구	민간택지(공공택지는 제외)
세종특별자치시(행정중심복합도시 건설 예정 지역)		공공택지(민간택지는 제외)

▶ **선정기준**

- 투기과열지구 지정요건 중 정량요건의 일부를 준용하여 과열이 발생하였거나, 발생할 우려가 있는 지역을 선정
  - 주택가격, 청약경쟁률, 주택보급률 등과 관련하여 다음 정량요건의 어느 하나에 해당하는 지역 중 청약과열이 발생하였거나, 청약과열 우려가 있는 지역
    ① 주택가격상승률이 물가상승률보다 2배 이상인 곳(투기과열지구보다 구체화)
    ② 청약경쟁률이 5대 1을 초과하였거나, 국민주택 규모 이하 주택 청약경쟁률이 10대 1을 초과한 곳(투기과열지구 준용)
    ③ 주택의 전매행위 성행 등으로 주택시장 과열 및 주거 불안의 우려가 있는 곳으로서 다음 어느 하나에 해당하는 곳(투

기과열지구 준용)

* 시·도별 주택보급률이 전국 평균 이하,
* 시·도별 자가주택비율이 전국 평균 이하

맞춤형 청약제도 적용

● 과열된 지역·택지의 유형을 선별하여(조정 대상지역), 해당 대상
에는 맞춤형으로 청약제도를 조정·적용

• 국지적인 청약시장의 과열을 완화하여 실수요자의 청약당첨 기
회를 확대하고, 주택시장도 안정적으로 관리

▶ **청약제도 조정**

• 투기과열지구 지정 효과 중 ① 전매제한기간 강화, ② 1순위 제
한, ③ 재당첨 제한을 적용

* 투기과열지구 지정 효과 중 재건축 사업의 조합원 지위 및 주택 공급 수 제한
등은 미적용

① **(전매제한기간)** 조정 대상지역의 전매제한기간을 과열 정도
에 따라 1년 연장 또는 소유권이전 등기시까지로 조정(주택법
시행령) : 대상지역 중 정량요건 2개 이상을 충족하고 과열 우
려정도가 높은 곳은 소유권이전 등기시까지, 그 외의 지역은
1년 연장

* 다만, 지방의 민간택지에 전매제한기간을 규정하기 위해서는 주택법 개정이 필
요하므로, 지방 민간택지(부산)는 제외

전매제한기간 조정 내용(조정된 곳만 표시)

1) 수도권 민간택지 중 서울 전 지역, 경기 과천 · 성남

현재 →	⊙ 대상지역 중 정량요건 2개 이상 충족하고 과열 정도가 높은 곳	⊙ 대상지역 중 그 외의 지역
	(강남 4개구, 과천)	(서울 중 강남 4개구 외, 성남)
6개월	소유권이전 등기시	1년 6개월 (+1년)

2) 공공택지 중 서울, 경기 과천, 성남, 하남, 고양, 남양주, 화성(동탄2에 한함), 세종

구분		전매제한기간	
		공공분양주택	민간분양주택
공공택지 내 주택(공공+민간주택 모두)		1년 → 소유권이전 등기시	
수도권 중 지구 면적 50% 이상 이 GB 해제된 공공택지 (85㎡ 이하 주택)	분양가격이 인근 시세 100% 이상	3년	1년 → 소유권이전 등기시
	분양가격이 인근 시세 85%~100%	4년	
	분양가격이 인근 시세 70%~85%	5년	2년 → 소유권이전 등기시
	분양가격이 인근 시세 70% 미만	6년	3년

② **(1순위 제한)** 조정 대상지역에 청약시 ⓐ~ⓒ의 자를 1순위에서 제외(주택공급에 관한 규칙) : ⓐ세대주가 아닌 자, ⓑ5년 이내에 다른 주택에 당첨자가 된 자의 세대에 속한 자, ⓒ2주택 이상을 소유한 세대에 속한 자

③ **(재당첨 제한)** 조정 대상지역의 주택에 당첨된 세대에 속한 자를 재당첨 제한 대상자(전국의 공공택지 내 주택은 분양가상한

제가 적용되므로, 공공택지 내 주택에 당첨된 세대에 속한 자는 기
(旣 포함)에 추가

* 당첨이 제한되는 주택에 조정 대상지역의 주택을 추가(주택공급에 관한 규칙)

재당첨 제한 조정 내용

구분	재당첨 제한 대상자(요건)	당첨이 제한되는 주택(효과)
현행 대상	• 분양가상한제 적용주택 당첨자 • 5, 10년 공공임대주택 당첨자 • 이전기관 종사자 특별공급주택 당첨자	• 국민주택 • 민영주택 中 투기과열지구 내 주택
+	+	+
추가 대상	• 민영주택 中 – 조정 대상지역의 주택 당첨자 * 공공택지는 분양가상한제에 기(旣) 포함	• 민영주택 中 – 조정 대상지역의 주택

※ 재당첨 제한 기간
 – 과밀억제권역에서 85㎡ 이하 당첨자는 5년, 그 외 지역에서 85㎡ 이하 당첨자는 3년간 재당첨 제한
 – 과밀억제권역에서 85㎡ 초과 당첨자는 3년, 그 외 지역에서 85㎡ 초과 당첨자는 1년간 재당첨 제한

▶ **효력발생**

- 강화된 전매제한기간은 11.3(목) 입주자모집공고분*부터, 1순위 · 재당첨 제한은 법령개정 후 입주자모집승인신청분부터 적용

  * 전매제한기간이 강화되는 대상주택은 전매가 가능한 시기가 도래하지 않아 구체적 권리가 아직 발생하지 않았으며 입법예고를 통해 전매제한기간이 강화됨이 예상 가능하므로 11.3(목)부터 적용 가능

▶ **향후계획**

- 주택시장에 대해 모니터링을 면밀히 지속 실시하여, 조정대상지역 및 주택의 추가 또는 제외 여부 등을 정례 검토

- 주택시장 동향 및 지표 등을 정밀하게 분석하여 국지적 과열현상이 심화 또는 주변으로 확산시 '투기과열지구' 지정도 정례적으로 검토

맞춤형 청약제도 적용 효과

▶ 조정 대상지역 및 효과

조정 지역			전매제한기간① 변경 내용		1순위 제한② 재당첨 제한③
광역 지자체	기초지자체	택지 유형	변경 전	변경 후	
서울 특별시	강남 4개구 (강남, 서초, 송파, 강동)	민간㉠	6개월	소유권이전 등기시	모두 적용
		공공	1년		
	강남 4개구 외	민간㉡	6개월	1년 6개월	
		공공	1년	소유권이전 등기시	
경기도	과천시	민간㉠	6개월	소유권이전 등기시	② 1순위 제한 : 세대주 아닌 자, 5년 이내 당첨자, 2주택 이상 소유자의 1순위를 제한
		공공	1년		
	성남시	민간㉡	6개월	1년 6개월	
		공공	1년	소유권이전 등기시	
	하남시 고양시 화성시 (동탄2에 한함) 남양주시	공공 (민간택지는 제외)	1년	소유권이전 등기시	
부산 광역시	해운대구 연제구 동래구 남구 수영구	공공 (민간택지는 제외)	–	적용없음 (현행과 동일)	③ 재당첨 제한 : 재당첨 제한 대상자에 추가 및 당첨이 제한되는 주택에 추가
세종특별자치시		공공 (민간택지는 제외)	1년	소유권이전 등기시	

※ 지구면적 50% 이상이 GB 해제된 수도권 공공택지 중 85㎡ 이하 주택은 전매제한기간을 별도 규정 (서울 양원 · 위례, 과천 지식정보, 성남고등, 하남감일 · 미사, 고양지축 · 향동, 남양주 지금 등)

206

구 분	전매제한기간	
	공공분양주택	민간분양주택
분양가격이 인근 시세 100% 이상	3년	1년→소유권이전 등기시
분양가격이 인근 시세 85~100%	4년	
분양가격이 인근 시세 70~85%	5년	2년→소유권이전 등기시
분양가격이 인근 시세 70% 미만	6년	3년

▶ **맞춤형 청약제도 적용시점**

내 용	적용시점
① 전매제한기간 강화	11.3(목) 입주자모집공고분부터
② 1순위 제한	'주택공급에 관한 규칙' 개정 시행일 이후 입주자모집승인신청분 부터
③ 재당첨 제한	

과도한 단기 투자수요 관리

● 조정 대상지역에 과도한 단기 투자수요가 유입되는 것을 차단하기 위한 관리방안을 실시

① 중도금 대출보증 발급요건 강화(HUG·주금공 내부규정)

- **(현행)** HUG·주금공 중도금대출보증의 발급요건으로 '전체 분양 가격의 5% 이상을 계약금*으로 납부'를 규정

  * '주택공급에 관한 규칙(제60조)'은 계약금의 최대한도(주택가격의 20% 이내)만 규정

- **(개선)** 조정 대상지역의 중도금대출보증 발급 관련 계약금 요건을 '분양가격의 5% 이상 → 10% 이상'으로 상향

  * 단, 등록임대사업자에 대해서는 계약금 납부 상향요건 적용 배제

- **(효과)** 적은 자기자본을 활용하여 분양계약 후, 시세차익을 목적으로 분양권을 전매하려는 단기 투자수요의 감소를 유도

② 2순위 청약 신청시에도 청약통장 필요(주택공급에 관한 규칙)
- **(현행)** 1순위 청약시에는 가입기간·예치금액 기준을 충족한 청약 통장이 필요하나, 2순위 청약신청시에는 청약통장 자체가 불필요. 2순위는 청약통장이 없어도 청약신청금만 납입시 청약신청 가능
- **(개선)** 조정 대상지역은 2순위 청약신청시에도 청약통장 필요(가입기간, 예치금액 기준은 없음). 청약통장을 활용하여 2순위 당첨시, 1순위 요건을 충족하기 위해서는 통장 재가입 후 수도권 12개월, 지방 6개월의 가입기간 필요
- **(효과)** 2순위 청약신청도 신중히 하도록 하여, 과도한 투자목적의 2순위 청약신청 방지 및 2순위 청약시장도 실수요자 중심으로 유도

③ 1순위 청약일정 분리(사업주체 협조)
- **(현행)** 당해·기타지역*에 구분 없이 하루에 1순위 청약을 접수
  * 서울의 경우, 서울 거주자는 당해지역, 경기·인천 거주자는 기타지역으로 구분
- **(개선)** 조정 대상지역은 1일차는 당해지역, 2일차는 기타지역으로 1순위 접수를 분리
- **(효과)** 당해지역에서 1순위 마감시 당첨 가능성이 없는 기타지역은 접수를 생략하여 청약경쟁률이 과도하게 부풀려지는 것을 방지

청약일정 분리 전·후 비교

구 분	1일차	2일차	3일차	4일차
현 행	특별공급	1순위	2순위	–
개 선	특별공급	1순위 중 '당해지역' 거주자	1순위 중 '기타지역' 거주자	2순위

(서울의 경우 (1일차) 특별공급 → (2일차) 1순위 중 서울 거주자 → (3일차) 1순위 중 경기·인천 거주자 → (4일차) 2순위 접수

④ 청약가점제 자율시행 유보(주택공급에 관한 규칙)

- **(현행)** 2017년부터 85㎡ 이하 민영주택은 지자체장이 40%* 범위 내에서 청약가점제를 자율시행토록 위임(지자체에 따라 100% 추첨제 운용 가능)

    * 85㎡ 이하 민영주택 중 GB 해제면적이 50% 이상인 공공택지는 100%, 투기과열지구는 75%, 그 외의 택지는 40% 가점제를 통해 입주자 선정 중

- **(개선)** 조정 대상지역은 가점제 자율시행을 유보하여 85㎡ 이하 민영주택의 가점제 적용비율을 40% 유지

- **(효과)** 부양가족 수가 많은 세대, 무주택자 등 실수요자의 당첨기회 확대

- 즉시 시행되는 전매제한기간 강화 외 1순위 제한, 재당첨 제한 등의 빠른 시행을 위해 '주택공급에 관한 규칙'을 신속히 11월 중 개정

- 이번 대책과 별도로, 시장상황에 따라 청약제도를 탄력 조정할 수 있도록 제도개선(안)*을 마련하여 주택법 등 개정 추진

    * 주거정책심의위원회를 통해 '맞춤형 청약제도 및 단기 투자수요 관리방안'이 적용되는 지역 및 유형을 선정 또는 해제

과도한 단기 투자수요 관리 시행효과

▶ 조정 대상지역 및 효과

조정 지역(206쪽과 동일)			단기 투자수요 관리 시행효과
광역 지자체	기초지자체	택지 유형	
서울 특별시	강남 4개구 (강남, 서초, 송파, 강동)	민간	
		공공	
	강남 4개구 외	민간	① 중도금 대출보증 요건 강화 계약금이 분양가격의 5% 이상 → 10% 이상
		공공	
경기도	과천시	민간	
		공공	
	성남시	민간	② 2순위 청약신청시에도 청약통장 필요 2순위 청약시 청약통장 불필요 → 청약통장 필요
		공공	
	하남시 고양시 화성시 (동탄2에 한함) 남양주시	공공 (민간택지는 제외)	③ 1순위 청약일정 분리 1순위 접수는 당해·기타 하루에 실 시 → 당해지역 1일차, 기타지역 2 일차
부산 광역시	해운대구 연제구 동래구 남구 수영구	공공 (민간택지는 제외)	④ 청약가점제 자율시행 유보 2017년부터 85㎡ 이하 민영주택 가점제 자율시행 → 40%는 유지
세종특별자치시		공공 (민간택지는 제외)	

▶ 단기 투자수요 관리 적용시점

내 용	적용시점
① 중도금 대출보증 요건 강화	11.3(목) 입주자모집공고분부터
② 2순위에도 청약통장 사용	2016.11월 중 주택공급에 관한 규칙을 개정 후 **2017.1.1일 입주자모집승인신청분부터**
③ 1순위 청약일정 분리	**2016.12.1일 입주자모집승인신청분부터**
④ 청약가점제 자율시행 유보	2016.11월 중 주택공급에 관한 규칙을 개정 후 **2017.1.1일 입주자모집승인신청분부터**

11 · 24 부동산대책 주요 내용
(8 · 25 〈가계부채 관리방안〉 후속조치 및 보완 계획)

집단대출에 대한 여신심사가이드라인 적용

- (2017.1.1일 이후 분양공고 되는 사업장) 〈잔금대출〉에 대해 현행 주택담보대출의 여신심사가이드라인 적용
  - 상환능력 내 빌리고 처음부터 나누어 갚는 여신관행 확산
  - 은행권의 경우 2019년 이후 매년 1.0조 원 규모의 가계부채 증가속도 감축효과, 매년 15.6만 가구의 가계부채 질적 개선효과 기대

집단대출에 대한 여신심사가이드라인 기본방향(안)

- 기본방향을 바탕으로 업권 스스로 세부 가이드라인 마련 예정
- **(범위)** 집단대출 중 잔금대출에 대해서만 적용
  - 중도금대출은 보증부대출이고, 대출성격상 상환만기가 짧아 분

할상환 등 여신심사가이드라인을 적용하는 것이 곤란
- **(적용기관)** 은행·보험뿐 아니라 상호금융 및 새마을금고까지 적용
  - 이미 여신심사가이드라인이 도입된 은행·보험업권에 적용하고, 상호금융권, 새마을금고는 업권 내 자율적 협의를 거쳐 도입방안 확정
- **(대상)** 2017.1.1일 이후 분양공고가 이루어지는 사업장
- **(내용)** 현행 주택담보대출 여신심사가이드라인과 동일 적용 원칙
  - 소득증빙자료 객관성 확보 비거치·분할상환 금리상승 가능성을 감안한 상환능력평가(stress DTI), DSR 지표 활용

● (2017.1.1일 전 분양공고 사업장) 고정·분할상환을 유도하는 입주자전용 보금자리론 한시(2017~2018년간) 운영

- 2017.1.1일 전 분양공고 사업장의 잔금대출인 경우 高 DTI(60%~80%) 차주에게도 한시적으로 보금자리론 공급

  * 여타 요건은 보금자리론과 동일하게 운영, 2017.1월 중 출시

- 상대적으로 저금리인만큼, 수분양자들의 자발적 참여 활성화 기대(동 상품 가입시 사실상 여신심사가이드라인 적용 효과)

  * 현재 주담대 평균금리(약 3.5%) 대비 금리가 낮고(약 100bp↓), 향후 시장금리 상황을 감안할 때 그 차이가 커질 가능성

상호금융, 새마을금고에 맞춤형 여신심사가이드라인 도입

● 상호금융, 새마을금고 자체적으로 차주특성 등에 적합한 맞춤형 여

신심사가이드라인을 마련 · 시행 예정(2017.1/4)

- **(소득증빙 정교화)** 농 · 어민에 맞는 소득증빙 방식 마련
- **(부분 분할상환)** 매년 원금의 1/30(은행권 주택담보대출의 최장만기가 30년인 점을 감안)을 상환

  ※ 매년 신규 주담대의 42.3%가 분할상환이 적용되고, 매년 0.3조 원의 가계부채 증가속도 감축효과 기대

상호금융 맞춤형 여신심사가이드라인 기본 방향(안)

- **(범위)** 주택구입용 주택담보대출, 고부담대출*, 신고소득 제출시 등

  * 우선 LTV > 60% 적용하고 소득증빙기반이 마련되면 DTI > 60% 요건도 적용

- **(소득증빙)** 농· 어업인 등 차주특성을 반영하여 소득추정 정교화
  - 〈농축수산물소득자료〉(농진청), 〈어가경제 통계자료〉(통계청) 등을 활용하거나, 보험권과 유사한 '소득예측모형' 활용 인정

- **(분할상환)** 만기가 짧고(3~5년) 소득이 일정치 않은 차주 특성 등을 감안하여 만기에 상관없이 매년 전체 원금의 1/30 이상 분할상환 방식 적용

- **(예외사항)** 주택자금 이용을 과도하게 제한하지 않도록 예외사항 충분히 마련
  - 예외사항(예) : 3,000만 원 이하 대출, 만기 3년 미만 대출(만기연장을 통한 적용회피를 방지하기 위해 만기연장횟수 제한을 병행 검토)

상호금융 맞춤형 여신심사가이드라인 주요 내용

		은행권	상호금융권
소득증빙		• 증빙서류 有(증빙소득) • 건보료 등으로 추정(인정소득) • 재산 등으로 추정(신고소득)	• 은행권 인정 기준 + 농어가 통계자료 등 활용, 소득예측모형 활용한 소득
비거치·분할상환	대상	• 주택구입용 자금 • 고부담대출(LTV or DTI>60%) • 신고소득 활용시	• 고부담대출 DTI기준적용 유예(LTV>60%) • (나머지 대상은 동일)
	산정 방식	• 분할상환	• 매년 원금의 1/30 분할상환

총체적 상환능력심사(DSR) 도입

● DSR을 연내 도입하고, 대출심사·사후관리 등에 활용

(12.9 신정원 전산시스템 구축완료, 연내 금융권 DSR 산출)

• 우선 참고지표로 활용하되, 가계부채 증가추이, 금융권 활용도 등을 보아가며 필요시 자율규제 전환 검토(예시 참고)

▶ **예시 : 총체적 상환능력심사 활용**

• 금융회사 여신건전성 관리를 위해 활용

– 전체 가계대출에서 DSR 수준이 높은 대출이 차지하는 비율을 일정 수준 이하로 관리

• 차주에 제공하여 상환계획 작성·상담시 활용

– 금융회사는 DSR이 높거나 상환이 어려울 것으로 예상될 경우 만기조정·대출규모 축소 등을 권유

차주에 제공되는 정보(예)

	기존대출 원리금상환액		신규대출 원리금 상환액	전체 상환액 (A)	예상소득 (B)	DSR (A/B)
	○○은행	△△조합				
1년차	(거치)	1,000만 원	1,500만 원	2,500만 원	5,000만 원	50.0%
2년차	(거치)	1,000만 원	1,500만 원	2,500만 원	5,000만 원	50.0%
3년차	2,000만 원	1,000만 원	1,500만 원	4,500만 원	5,000만 원	90.0%
…	…	…	…	…	…	…
○년차	2,000만 원	6,000만 원	1,500만 원	9,500만 원	6,000만 원	158.3%
○년차	2,000만 원	–	1,500만 원	3,500만 원	6,000만 원	58.3%
만기	5,000만 원	–	1,500만 원	6,500만 원	6,000만 원	108.3%

DSR이 과도한 시기 → 만기조정 · 대출축소 등 권유

- 대출 사후관리(론 리뷰), 채무조정 등에 활용
  - DSR이 과도히 높게 나타나는 차주에 대해 소득수준을 재확인하거나, 채무조정을 권유하고 채무상환계획을 상담시 활용

부록 **3**

부동산투자 전에 알면 좋은 것들

1. 월간 아파트 매매가격지수
2. 규모별 아파트 매매가격지수
3. 연령별 아파트 매매가격지수
4. 월간 아파트 전세가격지수
5. 아파트 평균매매가격
6. 아파트 평균단위 매매가격
7. 아파트 매매가격 대비 전세가격(평균가격)
8. 연도별 토지 거래
9. 연도별 건축물 거래
10. 월별 건물유형별 건축물 거래(동호수)
11. 월별 아파트 거래(행정구역별)
12. 월별 아파트 매매 거래
13. 미분양주택 현황
14. 준공 후 미분양
15. KB 선도아파트 50지수
16. 멸실주택 현황
17. 평균매매가격
18. 신주택보급률

1. 월간 아파트 매매가격지수

Raw Data 한국감정원 통계사이트(www.r-one.co.kr) 〉 부동산통계 〉 전국주택가격동향지수 〉 월간동향 〉 아파트 〉 매매가격지수 〉 매매가격지수

* 조회기간 : 2016년 01월 ~ 2016년 10월

지역	2016년										변동률 소계
	01월	02월	03월	04월	05월	06월	07월	08월	09월	10월	
전국	0.02	-0.01	-0.03	0.00	0.02	0.04	0.05	0.08	0.10	0.24	0.51
서울	0.05	0.00	-0.01	0.10	0.21	0.34	0.35	0.39	0.39	0.69	2.51
경기	0.05	0.01	-0.02	0.01	0.06	0.13	0.11	0.12	0.11	0.24	0.82
인천	0.04	-0.01	0.04	0.08	0.07	0.15	0.15	0.22	0.12	0.20	1.06
부산	0.06	0.08	0.07	0.17	0.15	0.22	0.27	0.44	0.47	0.80	2.73
대구	-0.22	-0.28	-0.37	-0.38	-0.25	-0.43	-0.26	-0.35	-0.24	-0.13	-2.91
광주	0.07	0.02	0.04	0.12	-0.02	-0.06	-0.08	-0.06	-0.02	0.08	0.09
대전	-0.08	-0.09	0.01	-0.02	-0.03	-0.04	0.01	0.03	0.04	0.07	-0.10
울산	0.24	0.23	0.10	0.11	0.13	-0.02	-0.17	-0.18	-0.02	0.13	0.55
세종	0.01	-0.01	0.11	0.04	0.02	-0.03	0.12	0.06	-0.02	0.05	0.35
강원	0.09	0.13	0.13	0.15	0.21	0.13	0.10	0.14	0.15	0.29	1.52
충북	-0.07	-0.04	-0.11	-0.13	-0.09	-0.23	-0.26	-0.22	-0.11	-0.10	-1.36
충남	-0.17	-0.32	-0.23	-0.32	-0.32	-0.30	-0.33	-0.33	-0.10	-0.22	-2.64
전북	-0.04	-0.06	-0.09	-0.02	-0.03	-0.05	-0.01	-0.05	-0.03	0.04	-0.34
전남	0.17	0.11	0.07	0.14	0.19	0.02	0.13	0.16	0.07	0.16	1.22
경북	-0.17	-0.17	-0.33	-0.34	-0.46	-0.52	-0.56	-0.49	-0.41	-0.24	-3.69
경남	-0.01	-0.03	-0.04	-0.03	-0.08	-0.12	-0.12	-0.12	-0.13	-0.16	-0.84
제주	2.39	1.79	0.77	0.20	-0.02	-0.02	0.05	0.10	0.36	0.31	5.93

2. 규모별 아파트 매매가격지수

Raw Data 한국감정원 통계사이트 〉 부동산통계 〉 전국주택가격동향지수 〉 월간동향 〉 아파트 〉 매매가격지수 〉 규모별 매매가격지수

* 조회기간 : 2016년 01월 ~ 2016년 10월

지역	규모	2016년										변동률 소계
		01월	02월	3월	4월	5월	6월	7월	8월	9월	10월	
전국	60㎡이하	0.02	−0.03	−0.03	0.02	0.02	0.04	0.04	0.09	0.09	0.24	0.50
	60㎡초과~85㎡이하	0.03	0.00	−0.04	−0.01	0.02	0.04	0.04	0.06	0.10	0.22	0.46
	85㎡초과~102㎡이하	−0.01	−0.07	−0.08	−0.02	0.05	0.09	0.10	0.14	0.16	0.39	0.75
	102㎡초과~135㎡이하	0.01	0.00	−0.04	−0.01	0.03	0.05	0.06	0.06	0.09	0.20	0.45
	135㎡초과	−0.01	−0.03	−0.03	−0.07	0.01	0.05	0.09	0.07	0.12	0.26	0.46
서울	60㎡이하	0.05	0.02	0.05	0.15	0.29	0.40	0.44	0.50	0.48	0.82	3.20
	60㎡초과~85㎡이하	0.05	0.01	−0.02	0.08	0.20	0.31	0.30	0.34	0.36	0.61	2.24
	85㎡초과~102㎡이하	−0.06	−0.03	−0.11	0.07	0.27	0.57	0.44	0.56	0.54	1.31	3.56
	102㎡초과~135㎡이하	0.08	0.01	−0.03	0.07	0.10	0.24	0.29	0.29	0.28	0.51	1.84
	135㎡초과	0.03	−0.08	−0.06	0.03	0.09	0.29	0.23	0.23	0.38	0.53	1.67
경기	60㎡이하	0.05	0.02	0.01	0.12	0.17	0.28	0.20	0.24	0.16	0.33	1.58
	60㎡초과~85㎡이하	0.06	0.01	−0.02	−0.04	0.00	0.09	0.08	0.07	0.11	0.23	0.59
	85㎡초과~102㎡이하	0.00	−0.06	−0.11	−0.06	0.01	0.00	0.00	0.08	0.03	0.11	0.00
	102㎡초과~135㎡이하	0.03	−0.02	−0.03	−0.04	−0.02	−0.02	0.02	0.00	0.01	0.14	0.07
	135㎡초과	0.00	−0.03	−0.05	−0.16	−0.09	−0.16	0.02	−0.01	0.03	0.11	−0.34
인천	60㎡이하	0.03	0.05	0.12	0.15	0.11	0.18	0.15	0.30	0.18	0.24	1.51
	60㎡초과~85㎡이하	0.09	−0.02	0.01	0.06	0.06	0.15	0.19	0.23	0.10	0.20	1.07
	85㎡초과~102㎡이하	0.00	−0.22	−0.20	−0.16	−0.08	−0.10	0.04	−0.03	0.07	0.16	−0.52
	102㎡초과~135㎡이하	0.00	−0.12	−0.04	−0.14	0.00	0.08	0.08	0.04	0.05	0.01	−0.04
	135㎡초과	−0.21	−0.03	0.05	0.20	0.15	0.20	0.09	−0.08	0.03	0.07	0.47
부산	60㎡이하	0.10	0.14	0.05	0.19	0.10	0.29	0.32	0.63	0.55	0.88	3.25
	60㎡초과~85㎡이하	0.05	0.07	0.11	0.19	0.20	0.20	0.26	0.39	0.43	0.80	2.70
	85㎡초과~102㎡이하	−0.04	−0.13	−0.01	0.18	−0.01	0.12	0.34	0.27	0.64	1.15	2.51

	102㎡초과~135㎡이하	0.05	0.02	0.01	0.11	0.12	0.17	0.14	0.25	0.45	0.63	1.95
	135㎡초과	−0.14	0.07	0.04	−0.20	0.10	0.14	0.27	0.03	0.18	0.52	1.01
대구	60㎡이하	−0.32	−0.45	−0.54	−0.61	−0.43	−0.72	−0.34	−0.59	−0.34	−0.15	−4.49
	60㎡초과~85㎡이하	−0.18	−0.24	−0.35	−0.32	−0.17	−0.35	−0.27	−0.26	−0.21	−0.15	−2.50
	85㎡초과~102㎡이하	0.00	−0.08	−0.07	−0.07	−0.75	−0.07	−0.35	−0.18	−0.45	−0.10	−2.12
	102㎡초과~135㎡이하	−0.12	−0.05	−0.14	−0.10	−0.02	−0.12	−0.12	−0.10	−0.12	−0.06	−0.95
	135㎡초과	−0.16	−0.14	−0.04	−0.13	−0.02	−0.07	−0.01	0.00	−0.05	0.07	−0.55
광주	60㎡이하	0.25	−0.12	0.12	0.15	−0.07	−0.12	−0.02	−0.14	−0.07	0.07	0.05
	60㎡초과~85㎡이하	−0.10	0.10	0.01	0.13	−0.08	−0.07	−0.14	0.02	−0.01	0.06	−0.08
	85㎡초과~102㎡이하	0.40	0.06	0.12	−0.17	−0.05	−0.12	−0.07	−0.61	−0.08	0.16	−0.36
	102㎡초과~135㎡이하	0.00	0.17	−0.03	0.25	0.30	0.15	0.03	0.01	0.14	0.03	1.05
	135㎡초과	0.09	0.19	−0.26	−0.43	0.34	0.07	−0.23	0.09	0.00	0.39	0.25
대전	60㎡이하	−0.05	−0.12	0.11	0.01	−0.12	−0.17	−0.05	−0.07	−0.14	0.05	−0.55
	60㎡초과~85㎡이하	−0.08	−0.09	−0.04	−0.02	−0.01	0.00	0.02	0.14	0.15	0.08	0.15
	85㎡초과~102㎡이하	−0.02	−0.14	−0.13	−0.08	0.31	0.21	0.09	0.03	0.32	0.06	0.65
	102㎡초과~135㎡이하	−0.27	−0.03	0.12	−0.05	−0.08	−0.01	0.11	−0.18	−0.15	0.07	−0.47
	135㎡초과	0.01	−0.10	0.11	−0.01	−0.06	−0.08	−0.02	0.06	−0.07	−0.05	−0.21
울산	60㎡이하	0.21	0.17	−0.02	−0.04	0.09	−0.22	−0.29	−0.33	−0.19	0.00	−0.62
	60㎡초과~85㎡이하	0.28	0.23	0.16	0.21	0.20	0.15	−0.08	−0.12	0.12	0.25	1.40
	85㎡초과~102㎡이하	0.41	0.44	0.49	0.61	0.50	−0.24	−0.11	0.49	−0.08	0.09	2.60
	102㎡초과~135㎡이하	0.06	0.50	0.15	0.11	−0.06	0.10	−0.16	−0.06	0.00	−0.12	0.52
	135㎡초과	0.14	0.19	0.08	−0.04	−0.06	−0.12	0.07	0.08	−0.01	0.16	0.49
세종	60㎡이하	−0.10	−0.28	0.04	0.14	−0.04	−0.28	0.07	−0.18	−0.11	−0.28	−1.02
	60㎡초과~85㎡이하	0.12	0.26	0.18	−0.06	0.05	0.11	0.17	0.26	0.16	0.46	1.71
	85㎡초과~102㎡이하	−0.25	0.14	0.85	−0.14	0.38	−0.12	0.40	0.14	0.08	0.07	1.55
	102㎡초과~135㎡이하	−0.01	−0.39	−0.20	0.28	0.03	0.45	0.17	−0.17	−0.79	−0.94	−1.57
	135㎡초과	−0.75	0.00	0.00	−0.38	0.00	−1.13	−1.53	0.97	0.00	−1.16	−3.98
제주	60㎡이하	2.26	2.09	0.79	0.27	0.00	−0.02	0.06	0.18	0.47	0.38	6.48
	60㎡초과~85㎡이하	2.65	1.63	0.73	0.11	−0.04	−0.01	0.03	0.02	0.30	0.33	5.75
	85㎡초과~102㎡이하	0.00	1.23	1.21	0.00	0.00	0.00	0.00	0.00	0.00	0.00	2.44
	102㎡초과~135㎡이하	1.59	1.12	0.67	0.34	0.00	−0.09	0.03	0.06	0.30	0.04	4.06
	135㎡초과	1.57	1.16	0.76	0.00	0.00	0.00	0.00	0.38	0.00	0.00	3.87

3. 연령별 아파트 매매가격지수

Raw Data 한국감정원 통계사이트 〉 부동산통계 〉 전국주택가격동향지수 〉 월간동향 〉 아파트 〉 매매가격지수 〉 연령별 매매가격지수

* 조회기간 : 2016년 01월 ~ 2016년 10월

지역	연령	2016년										변동률 소계
		01월	02월	03월	04월	05월	06월	07월	08월	09월	10월	
전국	5년 이하	0.07	0.04	0.01	−0.06	−0.06	0.00	0.05	0.03	0.06	0.13	0.27
	5년 초과~10년 이하	0.00	−0.02	−0.05	−0.04	−0.01	−0.01	−0.02	0.01	0.05	0.14	0.05
	10년 초과~15년 이하	0.04	0.01	−0.04	−0.05	0.03	0.03	0.03	0.04	0.07	0.20	0.36
	15년 초과~20년 이하	0.00	−0.04	−0.06	−0.03	−0.03	−0.04	−0.01	0.06	0.06	0.20	0.11
	20년 초과	0.03	−0.01	−0.02	0.05	0.07	0.12	0.13	0.14	0.15	0.32	0.98
서울	5년 이하	0.12	0.14	−0.19	0.03	0.09	0.02	0.29	0.07	0.27	0.13	0.97
	5년 초과~10년 이하	0.07	0.01	−0.01	0.05	0.16	0.20	0.26	0.21	0.26	0.38	1.59
	10년 초과~15년 이하	0.08	0.01	0.01	0.05	0.17	0.21	0.22	0.28	0.26	0.40	1.69
	15년 초과~20년 이하	0.11	0.01	−0.01	0.08	0.18	0.27	0.27	0.35	0.27	0.47	2.00
	20년 초과	−0.02	−0.02	−0.01	0.15	0.26	0.50	0.48	0.51	0.56	1.04	3.45
경기	5년 이하	0.01	0.03	0.03	−0.13	−0.05	−0.09	0.06	0.02	0.28	0.23	0.39
	5년 초과~10년 이하	0.04	0.04	−0.03	0.00	0.03	0.05	0.03	0.06	0.07	0.19	0.48
	10년 초과~15년 이하	0.03	0.00	−0.03	−0.05	0.05	0.09	0.10	0.09	0.07	0.23	0.58
	15년 초과~20년 이하	0.04	−0.02	0.02	0.09	0.10	0.12	0.11	0.18	0.12	0.19	0.95
	20년 초과	0.08	0.01	−0.05	0.01	0.08	0.29	0.18	0.17	0.14	0.32	1.23
인천	5년 이하	0.08	−0.09	−0.06	0.07	0.06	0.01	0.02	0.03	−0.13	0.00	−0.01
	5년 초과~10년 이하	0.06	0.03	0.07	−0.10	−0.10	0.09	0.12	0.09	0.09	0.20	0.55
	10년 초과~15년 이하	0.08	0.00	0.03	0.14	0.09	0.09	0.15	0.43	0.18	0.30	1.49
	15년 초과~20년 이하	0.03	0.03	0.09	0.18	0.04	0.17	0.27	0.29	0.12	0.36	1.58
	20년 초과	0.03	−0.04	0.03	0.08	0.16	0.19	0.13	0.23	0.14	0.12	1.07
부산	5년 이하	0.05	0.03	0.05	0.04	0.05	0.13	0.28	0.20	0.19	0.45	1.47
	5년 초과~10년 이하	0.07	−0.03	0.05	0.19	0.13	0.12	0.27	0.56	0.39	0.72	2.47

	10년 초과~15년 이하	0.12	0.20	0.20	0.05	0.15	0.26	0.16	0.37	0.45	0.77	2.73
	15년 초과~20년 이하	0.01	0.12	0.04	0.18	0.10	0.21	0.22	0.70	0.66	1.00	3.24
	20년 초과	0.05	0.05	0.07	0.22	0.20	0.25	0.35	0.27	0.43	0.77	2.66
대구	5년 이하	-0.04	-0.22	-0.12	-0.40	-0.49	-0.02	-0.12	-0.08	-0.13	0.05	-1.57
	5년 초과~10년 이하	-0.20	-0.24	-0.29	-0.29	-0.08	-0.32	-0.27	-0.35	-0.16	-0.02	-2.22
	10년 초과~15년 이하	-0.10	-0.10	-0.33	-0.30	-0.34	-0.38	-0.39	-0.43	-0.48	-0.23	-3.08
	15년 초과~20년 이하	-0.25	-0.28	-0.44	-0.52	-0.30	-0.42	-0.28	-0.44	-0.29	-0.22	-3.44
	20년 초과	-0.28	-0.41	-0.44	-0.40	-0.27	-0.60	-0.19	-0.26	-0.15	-0.10	-3.10
광주	5년 이하	0.25	-0.26	-0.09	0.17	0.00	0.00	-0.08	0.34	-0.11	0.37	0.59
	5년 초과~10년 이하	-0.31	0.00	0.01	0.06	0.00	-0.11	-0.33	-0.01	-0.07	-0.05	-0.81
	10년 초과~15년 이하	0.07	0.04	-0.19	-0.15	-0.19	0.00	0.01	-0.35	-0.03	-0.05	-0.84
	15년 초과~20년 이하	0.01	-0.10	0.04	0.03	-0.12	-0.06	-0.06	-0.09	-0.05	0.05	-0.35
	20년 초과	0.32	0.13	0.20	0.33	0.12	-0.11	-0.02	0.01	0.04	0.20	1.22
대전	5년 이하	-0.21	0.29	0.15	-0.03	0.06	0.04	0.15	0.31	0.00	0.06	0.82
	5년 초과~10년 이하	-0.11	-0.04	-0.01	0.00	0.08	0.08	0.01	-0.08	-0.02	0.11	0.02
	10년 초과~15년 이하	-0.01	-0.05	0.13	-0.14	0.21	-0.11	0.15	-0.10	0.12	0.05	0.25
	15년 초과~20년 이하	-0.10	-0.26	-0.27	-0.10	-0.26	-0.10	-0.09	0.14	-0.04	0.21	-0.87
	20년 초과	-0.06	-0.07	0.11	0.06	-0.03	-0.05	0.00	0.07	0.06	0.01	0.10
울산	5년 이하	0.42	0.24	0.17	0.19	-0.01	0.12	-0.09	0.22	0.13	0.21	1.60
	5년 초과~10년 이하	0.16	0.22	0.17	0.18	0.14	-0.11	-0.23	0.20	-0.05	0.03	0.71
	10년 초과~15년 이하	0.24	0.30	0.06	-0.09	0.33	0.25	-0.06	-0.37	0.26	0.85	1.77
	15년 초과~20년 이하	0.30	0.09	0.12	0.08	0.19	0.08	-0.07	-0.12	0.05	0.06	0.78
	20년 초과	0.21	0.32	0.06	0.19	0.10	0.01	-0.13	-0.39	-0.09	0.02	0.30
세종	5년 이하	0.08	0.23	0.00	0.06	0.19	0.00	0.12	0.30	0.01	0.10	1.09
	5년 초과~10년 이하	0.18	-0.24	0.72	0.29	-0.07	0.57	0.41	0.03	-0.01	0.59	2.47
	10년 초과~15년 이하	0.03	0.05	0.36	-0.32	-0.37	-0.46	0.11	-0.47	-0.14	-0.88	-2.09
	15년 초과~20년 이하	-0.06	-0.06	-0.27	0.07	0.56	-0.42	-0.30	-0.28	0.03	0.24	-0.49
	20년 초과	-0.50	-0.85	0.20	-0.05	-1.02	-0.01	0.31	-0.19	-0.24	-0.57	-2.92
제주	5년 이하	1.71	1.77	0.66	0.28	0.00	0.00	0.02	-0.02	0.30	0.04	4.76
	5년 초과~10년 이하	2.69	1.47	0.31	0.25	-0.19	-0.11	0.00	-0.35	0.61	0.30	4.98
	10년 초과~15년 이하	3.54	2.36	0.85	0.30	0.00	-0.15	0.04	0.03	0.39	0.28	7.64
	15년 초과~20년 이하	1.92	2.37	0.98	0.16	0.00	0.08	0.14	0.08	0.30	0.62	6.65
	20년 초과	2.38	1.25	0.69	0.09	0.00	0.00	0.01	0.27	0.33	0.25	5.27

4. 월간 아파트 전세가격지수

Raw Data 한국감정원 통계사이트 〉 부동산통계 〉 전국주택가격동향지수 〉 월간동향 〉 아파트 〉 전세가격지수 〉 전세가격지수

* 조회기간 : 2016년 01월 ~ 2016년 10월

지역	2016년										변동률 소계
	01월	02월	03월	04월	05월	06월	07월	08월	09월	10월	
전국	0.18	0.17	0.14	0.19	0.16	0.16	0.12	0.12	0.11	0.21	1.56
서울	0.34	0.23	0.16	0.16	0.21	0.26	0.29	0.19	0.17	0.27	2.28
경기	0.24	0.24	0.22	0.34	0.27	0.34	0.23	0.20	0.16	0.27	2.51
인천	0.13	0.22	0.26	0.35	0.32	0.43	0.32	0.41	0.21	0.30	2.95
부산	0.32	0.38	0.19	0.29	0.25	0.29	0.28	0.39	0.38	0.55	3.32
대구	−0.09	−0.18	−0.27	−0.23	−0.22	−0.42	−0.33	−0.33	−0.17	−0.05	−2.29
광주	0.09	0.18	0.15	0.25	0.18	−0.02	−0.08	−0.04	−0.03	0.09	0.77
대전	0.11	0.17	0.26	0.16	0.20	0.15	0.15	0.16	0.12	0.16	1.64
울산	0.23	0.23	0.08	0.14	0.18	0.01	−0.07	−0.17	0.00	0.08	0.71
세종	0.21	0.51	0.38	0.51	0.61	0.67	0.98	1.02	0.32	0.18	5.39
강원	0.09	0.14	0.11	0.13	0.19	0.19	0.17	0.16	0.15	0.28	1.61
충북	0.20	0.26	0.23	0.37	0.23	0.21	0.15	0.05	0.18	0.29	2.17
충남	−0.16	−0.15	−0.03	−0.14	−0.25	−0.21	−0.18	−0.16	−0.11	−0.11	−1.50
전북	0.02	0.04	0.07	0.17	0.10	0.12	0.07	0.03	0.08	0.14	0.84
전남	0.08	0.08	0.07	0.19	0.12	0.03	0.08	0.12	0.09	0.14	1.00
경북	−0.05	−0.07	−0.13	−0.18	−0.25	−0.40	−0.35	−0.27	−0.28	−0.11	−2.09
경남	0.08	0.12	0.12	0.08	0.12	−0.01	−0.02	−0.04	0.04	0.13	0.62
제주	1.05	0.83	0.17	−0.03	−0.14	−0.07	−0.05	−0.03	0.11	0.21	2.05

5. 아파트 평균매매가격

Raw Data 한국감정원 통계사이트 〉 부동산통계 〉 전국주택가격동향지수 〉 월간동향 〉 아파트 〉 매매가격 〉 평균매매가격

* 조회기간 : 2016년 01월 ～ 2016년 10월

(단위: 만 원)

지역	2016년 01월	2016년 02월	2016년 03월	2016년 04월	2016년 05월	2016년 06월	2016년 07월	2016년 08월	2016년 09월	2016년 10월
전국	2억 8049	2억 8034	2억 8023	2억 8028	2억 8047	2억 8069	2억 8106	2억 8154	2억 8134	2억 8238
서울	5억 5135	5억 5046	5억 5031	5억 5094	5억 5223	5억 5360	5억 5572	5억 5802	5억 5480	5억 5931
부산	2억 4258	2억 4275	2억 4294	2억 4331	2억 4362	2억 4414	2억 4482	2억 4592	2억 4802	2억 5007
대구	2억 6485	2억 6424	2억 6344	2억 6265	2억 6216	2억 6123	2억 6060	2억 5986	2억 5858	2억 5834
인천	2억 3330	2억 3326	2억 3332	2억 3345	2억 3357	2억 3390	2억 3424	2억 3469	2억 3798	2억 3841
광주	1억 8519	1억 8529	1억 8528	1억 8544	1억 8540	1억 8532	1억 8507	1억 8498	1억 8498	1억 8507
대전	2억 0618	2억 0603	2억 0604	2억 0602	2억 0602	2억 0597	2억 0606	2억 0619	2억 1058	2억 1074
울산	2억 3006	2억 3067	2억 3102	2억 3130	2억 3163	2억 3160	2억 3121	2억 3096	2억 3210	2억 3252
세종	2억 0734	2억 0761	2억 0776	2억 0785	2억 0804	2억 0809	2억 0832	2억 0867	2억 3042	2억 3075
경기	2억 9336	2억 9336	2억 9329	2억 9323	2억 9331	2억 9357	2억 9385	2억 9423	2억 9657	2억 9711
강원	1억 2822	1억 2833	1억 2850	1억 2867	1억 2889	1억 2912	1억 2929	1억 2947	1억 2837	1억 2883
충북	1억 5120	1억 5107	1억 5075	1억 5042	1억 5021	1억 4985	1억 4944	1억 4906	1억 5176	1억 5154
충남	1억 5567	1억 5523	1억 5481	1억 5429	1억 5380	1억 5335	1억 5283	1억 5227	1억 5145	1억 5112
전북	1억 3529	1억 3522	1억 3514	1억 3516	1억 3512	1억 3504	1억 3504	1억 3499	1억 3495	1억 3490
전남	1억 1545	1억 1564	1억 1575	1억 1589	1억 1617	1억 1623	1억 1639	1억 1659	1억 1794	1억 1817
경북	1억 4896	1억 4869	1억 4820	1억 4762	1억 4693	1억 4615	1억 4543	1억 4470	1억 4492	1억 4455
경남	1억 9463	1억 9455	1억 9438	1억 9428	1억 9407	1억 9378	1억 9343	1억 9312	1억 9382	1억 9345
제주	2억 3390	2억 3834	2억 4006	2억 4053	2억 4045	2억 4037	2억 4047	2억 4049	2억 4552	2억 4621

6. 아파트 평균단위 매매가격

Raw Data 한국감정원 통계사이트 〉 부동산통계 〉 전국주택가격동향지수 〉 월간동향 〉 아파트 〉 매매가격 〉 평균단위매매가격

* 조회기간 : 2016년 01월 ~ 2016년 10월

(단위 : 3.3㎡/만 원)

지역	2016년									
	01월	02월	03월	04월	05월	06월	07월	08월	09월	10월
전국	1144	1144	1143	1143	1144	1145	1146	1148	1149	1153
서울	2162	2156	2155	2159	2165	2168	2177	2187	2184	2203
부산	972	972	973	975	976	978	981	986	994	1002
대구	1046	1043	104	1036	1033	1029	1026	1023	1020	1018
인천	985	985	985	986	986	988	990	992	1001	1003
광주	765	765	766	766	766	765	765	764	763	764
대전	825	824	824	824	824	823	824	824	847	848
울산	962	965	966	967	969	968	967	965	972	974
세종	898	899	900	900	901	901	902	904	972	974
경기	1207	1207	1207	1207	1207	1209	1210	1212	1218	1220
강원	580	581	581	582	583	584	585	586	584	586
충북	672	671	670	668	667	666	664	662	671	670
충남	678	675	674	671	669	667	664	662	659	658
전북	574	574	574	574	574	573	573	573	573	573
전남	513	514	514	515	516	516	517	518	523	524
경북	651	650	648	645	641	638	633	629	629	627
경남	851	850	850	849	848	846	844	843	846	844
제주	1014	1035	1049	1045	1045	1045	1045	1045	1088	1091

7. 아파트 매매가격 대비 전세가격(평균가격)

Raw Data 한국감정원 통계사이트 〉 부동산통계 〉 전국주택가격동향지수 〉 월간동향 〉 아파트 〉 매매가격 대비 전세가격 〉 평균가격

* 조회기간 : 2016년 01월 ~ 2016년 10월

(단위 : %)

지역	2016년									
	01월	02월	03월	04월	05월	06월	07월	08월	09월	10월
전국	73.6	73.7	73.9	74.0	74.1	74.3	74.4	74.4	74.5	74.5
서울	71.0	71.3	71.5	71.7	71.7	72.0	72.0	71.9	71.9	71.7
부산	72.1	72.3	72.4	72.5	72.6	72.7	72.7	72.7	72.5	72.4
대구	75.5	75.5	75.6	75.7	75.8	75.8	75.7	75.7	75.6	75.7
인천	72.4	72.5	72.7	72.9	73.1	73.3	73.4	73.6	73.5	73.6
광주	79.7	79.9	79.9	80.0	80.2	80.2	80.2	80.2	80.2	80.2
대전	73.2	73.4	73.6	73.7	73.9	74.1	74.2	74.2	74.2	74.3
울산	70.3	70.3	70.3	70.3	70.3	70.3	70.4	70.4	70.6	70.5
세종	57.6	57.9	58.0	58.3	58.6	59.0	59.5	60.1	61.3	61.4
경기	74.8	74.9	75.1	75.4	75.5	75.7	75.8	76.0	76.0	76.1
강원	75.9	75.9	75.8	75.8	75.8	75.9	75.9	75.9	75.8	75.8
충북	71.4	71.6	71.9	72.2	72.5	72.8	73.1	73.3	73.5	73.8
충남	75.1	75.2	75.4	75.5	75.6	75.7	75.8	75.9	75.9	75.9
전북	77.8	77.9	78.0	78.1	78.2	78.5	78.6	78.7	78.8	78.9
전남	78.5	78.5	78.5	78.5	78.5	78.5	78.4	78.4	78.5	78.5
경북	74.1	74.2	74.3	74.4	74.6	74.7	75.2	75.4	75.5	75.6
경남	70.7	70.8	70.9	71.0	71.1	71.4	71.5	71.5	71.8	72.0
제주	70.2	69.6	69.2	69.0	68.9	68.9	68.8	68.8	68.6	68.5

8. 연도별 토지 거래

Raw Data 한국감정원 통계사이트 > 부동산통계 > 부동산거래현황 > 토지거래현황 > 년도별 행정구역별

* 조회기간 : 2016년 01월 ~ 2016년 10월

(단위 : 필지수, 천㎡)

지역	2011년		2012년		2013년		2014년		2015년		2016년	
	필지수	면적	필지수	면적	필지수	면적	필지수	면적	필지수	면적	필지수	면적
전국	2,329,199	1,970,528	2,044,962	1,823,737	2,241,979	1,826,723	2,643,622	1,968,783	3,086,529	2,180,957	2,444,866	1,784,725
서울	194,929	12,531	159,697	14,922	200,207	16,165	262,318	16,776	356,882	22,661	301,224	19,666
부산	146,329	23,140	119,125	22,705	143,232	23,471	173,576	31,290	212,102	33,536	148,449	25,248
대구	92,314	18,716	86,068	21,988	103,760	19,369	112,073	26,420	116,569	23,123	72,362	16,978
인천	110,220	26,393	92,407	21,087	94,158	23,601	115,716	25,172	144,811	30,256	123,190	23,977
광주	64,199	13,990	55,784	13,153	63,617	14,410	76,905	15,710	74,996	17,970	51,033	12,477
대전	63,942	11,906	42,379	8,858	46,666	10,196	54,630	9,964	53,378	13,666	41,796	9,063
울산	57,786	26,290	49,957	35,070	59,021	27,904	69,052	33,079	74,242	31,840	49,667	28,432
세종	-	-	9,699	5,915	16,350	14,630	25,765	11,429	45,734	16,122	26,319	12,578
경기	467,679	243,575	400,636	212,107	449,235	217,866	549,132	232,470	700,336	290,900	606,057	231,471
강원	120,381	220,341	108,695	172,070	104,675	161,233	115,604	184,887	121,343	190,873	116,632	170,304
충북	102,896	152,277	94,515	145,367	94,768	143,191	106,349	154,549	107,058	141,216	90,810	122,851
충남	164,013	180,342	149,012	167,836	142,790	172,584	164,773	176,752	180,416	182,777	144,838	143,282
전북	131,235	165,498	116,954	156,710	121,323	157,375	130,202	157,417	128,064	167,876	101,717	151,703
전남	156,326	254,380	142,884	237,347	140,722	231,369	151,806	241,842	173,440	267,825	135,167	251,055
경북	213,938	343,314	190,705	327,260	203,683	328,897	228,753	347,681	256,681	394,677	180,679	305,152
경남	207,371	235,585	188,317	221,135	212,660	210,718	247,601	229,099	266,608	261,473	195,315	195,669
제주	35,641	42,250	38,128	40,207	45,112	53,745	59,367	74,247	73,869	94,164	59,611	64,818

9. 연도별 건축물 거래

Raw Data 한국감정원 통계사이트 〉 부동산통계 〉 부동산거래현황 〉 건축물 거래현황 〉 년도별 행정구역별

* 조회기간 : 2016년 01월 ~ 2016년 10월

(단위 : 동(호)수, 천㎡)

지역	2011년		2012년		2013년		2014년		2015년		2016년	
	동(호)수	면적	동(호)수	면적	동(호)수	면적	동(호)수	면적	동(호)수	면적	동(호)수	면적
전국	1,434,147	147,731	1,193,691	223,935	1,390,443	144,181	1,692,400	170,273	2,015,827	215,496	1,578,989	159,520
서울	183,334	17,910	151,169	16,253	192,289	17,636	251,753	22,361	343,644	33,722	291,845	26,173
부산	131,429	13,177	104,711	9,995	127,221	11,767	151,904	13,872	187,257	16,853	132,149	12,437
대구	80,206	8,971	73,959	8,228	90,604	10,304	96,504	11,812	101,315	11,336	62,101	6,552
인천	94,615	8,136	77,962	8,393	81,565	7,773	100,573	9,138	124,755	11,046	106,603	9,083
광주	54,793	6,996	46,196	5,477	54,777	6,348	67,097	6,803	62,525	6,532	41,955	5,154
대전	57,628	5,830	37,632	3,861	41,691	4,262	48,539	4,874	45,185	4,852	36,543	4,000
울산	42,280	4,592	35,998	4,078	43,840	4,420	51,788	5,173	53,894	5,519	31,934	3,448
세종	–	–	6,965	1,929	9,083	855	19,461	1,600	39,775	3,671	19,791	1,575
경기	316,563	31,242	256,360	27,370	311,785	32,565	386,050	37,013	498,790	58,512	424,369	41,427
강원	50,790	4,356	44,157	97,507	43,116	3,881	49,749	4,746	50,788	5,230	56,504	5,550
충북	47,787	5,415	41,802	4,920	43,873	4,919	51,412	5,803	49,705	5,505	43,621	5,991
충남	72,938	7,378	63,503	6,479	58,677	6,259	74,267	8,011	78,071	9,160	59,832	7,890
전북	55,639	5,893	41,884	4,829	45,152	5,162	52,816	5,874	53,370	7,740	41,674	4,892
전남	48,489	5,281	41,454	5,023	41,984	5,202	47,502	5,378	59,476	6,303	42,792	4,553
경북	78,693	9,605	66,494	8,417	75,848	9,305	88,616	11,298	105,113	12,488	67,800	8,131
경남	103,625	11,437	87,341	9,607	109,928	11,698	133,204	14,482	135,779	14,528	96,239	10,586
제주	15,338	1,514	16,104	1,570	19,010	1,825	21,165	2,036	26,385	2,499	23,237	2,078

10. 월별 건물유형별 건축물 거래(동호수)

Raw Data 한국감정원 통계사이트 〉 부동산통계 〉부동산거래현황 〉 건축물 거래현황 〉 월별 건물유형별

* 조회기간 : 2016년 01월 ~ 2016년 10월

(단위: 동(호)수)

지역	건물유형	2016년									
		01월	02월	03월	04월	05월	06월	07월	08월	09월	10월
전국	합계	127,996	116,904	148,281	153,248	160,192	169,577	170,684	178,528	163,568	190,011
	주거용소계	106,955	95,751	124,125	128,655	134,506	141,611	141,740	149,750	138,348	162,623
	단독주택	10,359	9,553	12,484	12,825	13,867	13,538	12,871	13,669	11,704	13,626
	다가구주택	2,441	2,128	2,738	2,986	3,198	3,335	3,500	3,590	3,271	3,523
	다세대주택	15,184	14,606	19,465	21,039	21,841	22,601	21,952	23,908	21,109	24,257
	연립주택	2,980	2,664	3,982	4,306	4,276	4,240	3,607	3,881	3,729	4,339
	아파트	75,991	66,800	85,456	87,499	91,324	97,897	99,810	104,702	98,535	116,878
	상업업무용	17,096	16,726	19,843	19,814	20,984	23,451	23,590	24,066	21,121	22,507
	공업용	1,251	1,067	1,555	1,695	1,901	1,803	2,310	1,868	1,274	1,471
	기타건물	2,694	3,360	2,758	3,084	2,801	2,712	3,044	2,844	2,825	3,410
서울	합계	20,052	19,533	25,310	27,457	30,000	32,459	36,579	36,450	29,944	34,061
	주거용소계	15,084	14,656	19,759	21,733	24,802	26,779	29,312	29,173	24,429	28,902
	단독주택	1,236	1,101	1,299	1,514	1,805	1,763	1,732	1,806	1,559	1,749
	다가구주택	533	510	620	712	920	906	962	979	862	941
	다세대주택	5,124	4,904	6,601	7,495	8,098	8,406	8,058	8,903	7,434	8,806
	연립주택	602	621	767	883	885	942	927	966	937	1,087
	아파트	7,589	7,520	10,472	11,129	13,094	14,762	17,633	16,519	13,637	16,319
	상업업무용	4,005	4,036	4,509	4,592	3,715	4,440	5,224	5,864	4,716	4,189
	공업용	439	272	517	568	848	695	1,311	782	210	225
	기타건물	524	569	525	564	635	545	732	631	589	745
부산	합계	11,577	8,859	12,358	12,137	12,701	15,125	12,716	14,356	15,646	16,674
	주거용소계	9,824	7,329	10,655	10,233	10,955	12,857	10,662	12,409	13,815	14,450

	단독주택	968	793	1,105	1,174	1,325	1,348	1,310	1,433	1,206	1,258
	다가구주택	118	109	172	174	174	178	210	201	178	178
	다세대주택	1,256	1,097	1,490	1,523	1,509	1,717	1,461	1,714	1,560	1,767
	연립주택	167	132	193	258	212	252	227	236	186	227
	아파트	7,315	5,198	7,695	7,104	7,735	9,362	7,454	8,825	10,685	11,020
	상업업무용	1,542	1,158	1,467	1,659	1,483	1,947	1,596	1,640	1,459	1,912
	공업용	51	50	77	91	83	65	71	79	62	66
	기타건물	160	322	159	154	180	256	387	228	310	246
대구	합계	4,003	4,708	5,161	6,446	5,991	7,906	6,401	6,836	7,025	7,624
	주거용소계	3,432	3,985	4,555	5,690	4,953	6,281	5,710	6,164	6,328	7,050
	단독주택	443	410	499	591	667	694	599	543	447	573
	다가구주택	178	124	185	179	153	198	194	152	139	177
	다세대주택	203	188	256	295	321	294	246	265	223	261
	연립주택	73	24	42	50	42	49	21	38	24	30
	아파트	2,535	3,239	3,573	4,575	3,770	5,046	4,650	5,166	5,495	6,009
	상업업무용	484	619	471	625	790	1,478	575	554	603	473
	공업용	32	29	36	29	50	28	33	35	33	18
	기타건물	55	75	99	102	198	119	83	83	61	83
인천	합계	6,979	6,490	8,599	10,125	11,762	11,703	12,882	13,686	11,672	12,705
	주거용소계	5,714	5,285	7,140	8,086	9,529	9,650	11,095	11,771	9,814	11,105
	단독주택	283	314	333	353	383	353	383	403	330	408
	다가구주택	97	84	136	100	109	120	156	184	141	162
	다세대주택	1,589	1,883	2,548	2,537	2,765	2,933	2,841	3,194	2,820	3,106
	연립주택	175	176	437	428	642	380	213	226	235	266
	아파트	3,570	2,828	3,686	4,668	5,630	5,864	7,502	7,764	6,288	7,163
	상업업무용	1,103	1,024	1,253	1,632	2,019	1,868	1,630	1,753	1,613	1,438
	공업용	54	93	115	71	45	74	55	70	137	97
	기타건물	108	88	91	336	169	111	102	92	108	65
광주	합계	3,067	3,041	3,918	4,149	4,337	4,387	4,534	4,673	4,432	5,417
	주거용소계	2,667	2,669	3,421	3,561	3,638	3,844	3,972	4,065	3,973	4,421
	단독주택	333	267	454	465	552	511	468	469	447	516

	다가구주택	74	61	86	101	126	104	98	134	154	117
	다세대주택	75	109	87	106	144	124	118	73	106	139
	연립주택	37	24	51	52	65	56	45	69	81	72
	아파트	2,148	2,208	2,743	2,837	2,751	3,049	3,243	3,320	3,185	3,577
	상업업무용	330	311	420	529	630	495	494	551	374	366
	공업용	8	6	12	11	11	10	7	11	12	25
	기타건물	62	55	65	48	58	38	61	46	73	605
대전	합계	2,892	3,179	3,556	3,377	3,385	3,610	3,968	4,088	3,824	4,664
	주거용소계	2,585	2,591	3,002	2,943	3,094	3,125	3,570	3,646	3,372	4,309
	단독주택	306	241	349	328	357	314	312	331	259	325
	다가구주택	96	84	119	119	107	118	112	123	119	145
	다세대주택	114	132	187	197	193	185	206	184	191	217
	연립주택	54	45	79	80	60	109	56	58	58	65
	아파트	2,015	2,089	2,268	2,219	2,377	2,399	2,884	2,950	2,745	3,557
	상업업무용	246	540	501	390	257	402	354	375	416	324
	공업용	13	13	5	5	12	25	15	10	13	6
	기타건물	48	35	48	39	22	58	29	57	23	25
울산	합계	3,223	2,956	3,600	4,004	3,784	3,927	2,882	2,552	2,470	2,536
	주거용소계	2,981	2,707	3,217	3,704	3,356	3,459	2,504	2,187	2,124	2,240
	단독주택	236	190	225	264	244	255	213	213	180	211
	다가구주택	89	60	86	83	97	114	91	80	67	87
	다세대주택	157	113	108	207	168	156	166	152	161	163
	연립주택	39	54	30	38	42	18	30	28	33	36
	아파트	2,460	2,290	2,768	3,112	2,805	2,916	2,004	1,714	1,683	1,743
	상업업무용	199	208	334	262	390	408	300	300	261	257
	공업용	19	15	17	5	10	20	40	21	32	19
	기타건물	24	26	32	33	28	40	38	44	53	20
세종	합계	3,191	1,330	1,770	1,651	1,771	1,024	1,723	1,716	2,191	3,424
	주거용소계	3,034	1,212	1,648	1,565	1,653	872	1,427	1,580	2,013	3,263
	단독주택	22	22	42	39	38	30	33	44	51	41
	다가구주택	4	9	3	10	11	6	7	16	4	11

	다세대주택	357	69	228	248	268	157	197	230	264	435
	연립주택	3	1	1	7	2	2	–	4	–	4
	아파트	2,648	1,111	1,374	1,261	1,334	677	1,190	1,286	1,694	2,772
	상업업무용	148	111	107	73	103	128	264	111	156	151
	공업용	1	1	4	2	4	7	4	8	5	3
	기타건물	8	6	11	11	11	17	28	17	17	7
경기	합계	31,310	29,383	37,540	39,383	40,615	45,206	49,261	51,160	46,058	54,453
	주거용소계	25,227	23,233	31,118	33,024	33,557	37,258	40,373	43,007	38,756	46,100
	단독주택	1,242	1,224	1,521	1,675	1,759	1,850	1,720	1,907	1,674	1,958
	다가구주택	501	442	570	694	705	727	804	868	799	824
	다세대주택	4,810	4,441	6,195	6,843	6,845	7,009	7,330	7,721	6,908	7,822
	연립주택	802	768	1,073	1,225	1,213	1,330	1,112	1,168	1,125	1,474
	아파트	17,872	16,358	21,759	22,587	23,035	26,342	29,407	31,343	28,250	34,022
	상업업무용	4,822	4,467	5,207	5,266	5,978	6,806	7,599	6,989	6,204	7,005
	공업용	409	380	508	589	557	537	536	554	549	694
	기타건물	852	1,303	707	504	523	605	753	610	549	654
제주	합계	2,606	2,480	2,489	2,586	2,354	2,238	1,977	2,223	2,042	2,242
	주거용소계	1,998	1,757	1,922	2,050	1,636	1,753	1,445	1,533	1,478	1,464
	단독주택	400	384	404	381	433	373	353	419	372	446
	다가구주택	56	38	35	33	28	29	29	34	32	27
	다세대주택	358	423	399	298	296	282	248	285	310	262
	연립주택	334	202	403	296	302	321	214	251	284	277
	아파트	850	710	681	1,042	577	748	601	544	480	452
	상업업무용	559	646	508	446	626	409	476	612	491	722
	공업용	1	1	4	–	3	5	2	3	4	–
	기타건물	48	76	55	90	89	71	54	75	69	56

11. 월별 아파트 거래(행정구역별)

Raw Data 한국감정원 통계사이트 〉 부동산통계 〉 부동산거래현황 〉 아파트 거래현황 〉 월별 행정구역별

* 조회기간 : 2016년 01월 ~ 2016년 10월

(단위 : 동(호)수, 천㎡)

지역	2016년 01월		2016년 02월		2016년 03월		2016년 04월		2016년 05월	
	동(호)수	면적	동(호)수	면적	동(호)수	면적	동(호)수	면적	동(호)수	면적
전국	75,991	5,832	66,800	5,023	85,456	6,297	87,499	6,441	91,324	6,849
서울	7,589	586	7,520	576	10,472	787	11,129	846	13,094	1,016
부산	7,315	576	5,198	397	7,695	586	7,104	534	7,735	584
대구	2,535	191	3,239	244	3,573	271	4,575	335	3,770	291
인천	3,570	276	2,828	200	3,686	256	4,668	341	5,630	419
광주	2,148	155	2,208	162	2,743	202	2,837	211	2,751	205
대전	2,015	153	2,089	156	2,268	168	2,219	168	2,377	179
울산	2,460	193	2,290	171	2,768	208	3,112	241	2,805	212
세종	2,648	186	1,111	82	1,374	98	1,261	86	1,334	84
경기	17,872	1,442	16,358	1,284	21,759	1,683	22,587	1,705	23,035	1,759
강원	3,240	237	2,616	187	3,035	213	4,338	286	7,519	597
충북	2,863	213	3,228	230	3,333	218	2,693	177	2,612	171
충남	3,904	283	3,566	256	5,925	405	3,789	257	3,207	224
전북	2,030	148	2,687	192	3,286	230	2,773	194	2,633	184
전남	2,347	170	1,907	138	2,652	178	2,430	175	2,048	146
경북	5,431	420	4,109	307	4,797	357	4,680	353	4,599	332
경남	7,174	553	5,136	393	5,409	391	6,262	459	5,598	406
제주	850	51	710	49	681	46	1,042	72	577	42

지역	2016년 06월		2016년 07월		2016년 08월		2016년 09월		2016년10월	
	동(호)수	면적	동(호)수	면적	동(호)수	면적	동(호)수	면적	동(호)수	면적
전국	97,897	7,319	99,810	7,618	104,702	7,941	98,535	7,501	116,878	8,856
서울	14,762	1,147	17,633	1,438	16,519	1,309	13,637	1,070	16,319	1,284
부산	9,362	696	7,454	556	8,825	667	10,685	822	11,020	832
대구	5,046	384	4,650	354	5,166	403	5,495	435	6,009	478
인천	5,864	430	7,502	556	7,764	567	6,288	463	7,163	524
광주	3,049	223	3,243	232	3,320	241	3,185	236	3,577	269
대전	2,399	180	2,884	225	2,950	231	2,745	207	3,557	269
울산	2,916	223	2,004	145	1,714	123	1,683	126	1,743	132
세종	677	54	1,190	90	1,286	103	1,694	146	2,772	230
경기	26,342	2,002	29,407	2,281	31,343	2,447	28,250	2,237	34,022	2,665
강원	3,255	233	2,567	206	2,870	199	3,447	227	3,306	225
충북	2,555	165	2,858	191	2,629	175	2,852	188	2,930	196
충남	3,830	282	3,405	242	3,916	271	3,971	274	5,542	390
전북	2,663	196	2,377	175	2,859	210	2,633	195	3,543	246
전남	2,563	169	2,493	181	2,706	195	2,374	168	3,417	231
경북	3,536	260	3,509	257	3,528	257	3,281	236	3,801	281
경남	8,330	619	6,033	443	6,763	504	5,835	436	7,705	573
제주	748	57	601	45	544	38	480	34	452	31

12. 월별 아파트 매매 거래

Raw Data 한국감정원 통계사이트 〉 부동산통계 〉 부동산통계 〉 부동산거래현황 〉 아파트
매매거래현황 〉 월별 행정구역별

* 조회기간 : 2016년 01월 ~ 2016년 10월

(단위 : 동(호)수, 천㎡)

지역	2016년 01월		2016년 02월		2016년 03월		2016년 04월		2016년 05월	
	동(호)수	면적	동(호)수	면적	동(호)수	면적	동(호)수	면적	동(호)수	면적
전국	39,695	3,001	38,225	2,849	49,179	3,552	54,884	3,983	56,369	4,165
서울	5,549	448	5,193	410	7,231	553	8,629	654	10,710	842
부산	3,490	275	3,236	250	4,059	303	4,795	360	4,828	362
대구	1,236	91	956	73	1,117	84	2,681	191	1,512	112
인천	2,639	206	2,227	161	2,979	209	3,673	264	4,069	295
광주	1,549	111	1,383	102	1,642	117	1,728	126	1,622	117
대전	1,588	122	1,600	125	1,738	127	1,745	131	1,747	133
울산	1,222	93	1,134	85	1,429	105	1,482	112	1,489	109
세종	182	14	180	13	209	16	259	20	308	19
경기	9,894	785	9,584	736	12,628	957	13,526	1,025	15,668	1,190
강원	1,921	128	1,732	120	1,919	132	3,105	192	1,835	126
충북	988	64	1,236	79	1,641	106	1,480	98	1,667	104
충남	1,518	104	1,451	99	2,790	172	1,905	121	1,662	108
전북	1,488	106	2,130	151	2,237	154	2,221	155	1,895	133
전남	1,609	111	1,402	99	2,001	129	1,820	128	1,552	112
경북	1,422	96	1,555	110	1,962	133	1,802	122	2,513	166
경남	2,806	207	2,724	199	3,177	228	3,611	258	3,026	219
제주	594	39	502	36	420	27	422	26	266	18

지역	2016년 06월		2016년 07월		2016년 08월		2016년 09월		2016년10월	
	동(호)수	면적	동(호)수	면적	동(호)수	면적	동(호)수	면적	동(호)수	면적
전국	59,252	4,368	63,906	4,840	64,462	4,860	61,599	4,648	74,208	5,648
서울	11,974	945	14,545	1,209	12,784	1,024	11,342	907	13,467	1,089
부산	5,127	384	5,303	403	5,871	455	5,765	450	7,067	557
대구	1,506	112	1,709	129	1,837	143	1,705	133	2,378	190
인천	4,146	299	4,846	344	4,793	349	4,553	332	5,260	391
광주	1,807	129	1,879	133	2,200	156	2,081	152	2,499	183
대전	1,741	131	1,958	151	2,043	159	2,100	159	2,764	212
울산	1,256	93	1,125	84	1,110	80	1,177	88	1,302	99
세종	245	18	290	22	374	28	322	25	513	36
경기	17,372	1,299	18,633	1,421	18,982	1,469	18,055	1,421	21,341	1,689
강원	1,950	132	1,780	122	2,073	142	2,494	157	2,220	148
충북	1,620	98	1,387	89	1,577	99	1,574	97	1,807	116
충남	1,666	112	1,566	102	1,656	113	1,686	112	2,429	170
전북	1,954	139	1,711	120	1,973	138	1,852	129	2,658	183
전남	1,738	118	1,509	106	1,755	121	1,613	111	2,412	152
경북	1,733	117	2,110	151	1,987	141	1,754	122	1,941	136
경남	3,152	223	3,237	231	3,098	220	3,212	231	3,836	274
제주	265	18	318	23	349	24	314	22	314	21

13. 미분양주택 현황

Raw Data 한국감정원 통계사이트 〉 부동산통계 〉공급/재고/기타 〉 주택공급 〉 미분양주택 현황

* 조회기간 : 2016년 01월 ~ 2016년 9월

(단위 : 건)

지역	2016년								
	01월	02월	03월	04월	05월	06월	07월	08월	09월
전국	60,606	55,103	53,845	53,816	55,456	59,999	63,127	62,562	60,700
서울	737	884	788	651	507	409	426	372	327
부산	1,308	1,217	1,251	1,315	1,253	1,568	1,429	1,364	1,306
대구	1,806	1,666	1,769	1,638	1,462	1,230	1,225	1,631	1,404
인천	4,036	3,596	3,465	3,329	3,108	3,179	3,724	3,124	2,398
광주	672	711	764	812	1,049	1,095	931	906	1,090
대전	1,038	866	759	684	812	767	740	859	693
울산	857	668	627	593	1,609	1,037	907	701	605
세종	4	4	4	3	–	–	–	–	–
경기	24,276	20,491	19,047	18,365	17,272	19,737	17,243	17,860	16,296
강원	2,264	2,271	1,863	2,097	1,943	2,127	3,061	2,678	2,874
충북	5,007	4,341	4,096	4,596	4,171	4,907	4,428	4,081	4,164
충남	8,530	8,249	7,823	7,452	7,869	8,017	8,644	9,232	9,585
전북	1,311	1,440	1,470	1,945	2,374	2,745	2,518	2,619	2,736
전남	1,563	1,478	1,380	2,017	1,844	1,758	1,661	1,508	1,420
경북	3,725	3,490	3,994	3,940	4,658	5,621	6,198	5,908	6,716
경남	3,353	3,676	4,683	4,221	5,403	5,553	9,737	9,369	8,801
제주	119	55	62	158	122	249	255	350	285

14. 준공 후 미분양

Raw Data 온나라부동산정보통합포털(www.onnara.go.kr) 〉 부동산통계 〉 통계현황 〉 재고
/공급 〉 미분양주택현황 〉 준공후미분양

* 조회기간 : 2016년 1월 ~ 2016년 9월

(단위 : 건)

지역	주택수 합계 (호)	공공부문 소계	민간부문 소계	민간 60m² 이하	민간 60m²~ 85m²	민간 85m² 초과
전국	10,738	0	10,738	1,654	0	4,732
서울특별시	89	0	89	2	0	8
부산광역시	241	0	241	7	0	139
대구광역시	0	0	0	0	0	0
인천광역시	1,533	0	1,533	35	0	1,019
광주광역시	211	0	211	37	0	4
대전광역시	189	0	189	154	0	35
울산광역시	14	0	14	0	0	12
세종 특별자치시	0	0	0	0	0	0
경기도	4,314	0	4,314	198	0	3,169
강원도	1,162	0	1,162	743	0	46
충청북도	389	0	389	17	0	36
충청남도	413	0	413	82	0	152
전라북도	843	0	843	63	0	12
전라남도	438	0	438	0	0	81
경상북도	360	0	360	186	0	5
경상남도	478	0	478	82	0	14
제주 특별자치도	64	0	64	48	0	0

15. KB 선도아파트 50지수

Raw Data KB국민은행 〉 KB부동산 〉 통계 〉 [월간]KB주택가격동향에서 최근 시계열자료
(엑셀파일) 다운

* 조회기간 : 2016년 1월 ~ 2016년 10월

년도	지수	전월비	전년동월비
2016년 1월	99.9	−0.09	7.18
2016년 2월	99.8	−0.10	6.61
2016년 3월	99.8	0.04	5.95
2016년 4월	100.3	0.47	5.80
2016년 5월	101.5	1.17	6.47
2016년 6월	102.9	1.44	6.83
2016년 7월	104.6	1.59	7.91
2016년 8월	106.5	1.81	8.80
2016년 9월	108.4	1.84	10.17
2016년 10월	111.0	2.35	12.19

16. 멸실주택 현황

Raw Data 온나라부동산정보통합포털 〉 부동산통계 〉 통계현황 〉 재고/공급 〉 주택보급률 〉
멸실주택현황

* 조회기간 : 2014년

지역	계	단독	다가구	연립	다세대	아파트
전국	83,976	49,934	17,598	3,933	4,958	7,553
수도권	40,710	16,063	12,089	3,073	4,376	5,109
지방권	43,266	33,871	5,509	860	582	2,444
서울특별시	21,955	7,745	6,749	1,505	2,119	3,837
부산광역시	5,023	3,344	1,047	40	252	340
대구광역시	3,580	1,757	1,673	8	128	14
인천광역시	3,572	1,628	853	222	849	20
광주광역시	2,340	1,595	444	75	55	171
대전광역시	1,403	734	583	70	0	16
울산광역시	1,438	1,102	222	40	28	46
경기도	15,183	6,690	4,487	1,346	1,408	1,252
강원도	2,618	1,985	275	354	4	0
충청북도	2,584	2,372	100	72	3	37
충청남도	3,425	2,985	285	116	39	0
전라북도	2,381	2,367	14	0	0	0
전라남도	4,849	4,673	14	19	3	140
경상북도	5,980	5,260	631	52	37	0
경상남도	6,711	4,795	202	14	20	1,680
제주 특별자치도	934	902	19	0	13	0

17. 평균매매가격

Raw Data KB국민은행 〉 KB부동산 〉 통계 〉 [월간]KB주택가격동향에서 최근 시계열자료

* 조회기간 : 2016년 9월 기준

단위 : 주택 1채당 가격, 만 원

규모 년도	전국				서울			
	종합	아파트	단독	연립	종합	아파트	단독	연립
2016년 1월	29,435	30,443	33,210	17,074	49,447	55,282	68,478	25,134
2016년 2월	29,472	30,477	33,279	17,092	49,513	55,342	68,623	25,164
2016년 3월	29,513	30,513	33,374	17,085	49,572	55,435	68,757	25,105
2016년 4월	29,566	30,560	33,465	17,110	49,689	55,592	68,955	25,085
2016년 5월	29,641	30,640	33,548	17,139	49,904	55,896	69,137	25,121
2016년 6월	29,739	30,739	33,662	17,186	50,198	56,292	69,423	25,193
2016년 7월	29,882	30,879	33,835	17,268	50,611	56,829	69,836	25,336
2016년 8월	30,030	31,035	33,973	17,345	51,019	57,388	70,147	25,465
2016년 9월	30,191	31,192	34,189	17,415	51,416	57,939	70,444	25,584
2016년 10월	30,446	31,468	34,439	17,509	52,085	58,814	71,199	25,748

규모	6개광역시				경기			
년도	종합	아파트	단독	연립	종합	아파트	단독	연립
2016년 1월	22,802	24,942	23,822	10,765	30,591	31,104	44,283	15,062
2016년 2월	22,845	24,975	23,927	10,779	30,599	31,122	44,261	15,063
2016년 3월	22,887	24,996	24,061	10,797	30,632	31,151	44,346	15,089
2016년 4월	22,939	25,028	24,187	10,859	30,658	31,180	44,346	15,112
2016년 5월	22,973	25,050	24,288	10,876	30,715	31,243	44,407	15,155
2016년 6월	23,020	25,089	24,397	10,881	30,790	31,313	44,541	15,191
2016년 7월	23,093	25,156	24,525	10,909	30,898	31,407	44,738	15,270
2016년 8월	23,184	25,252	24,619	10,966	31,010	31,515	44,933	15,313
2016년 9월	23,289	25,331	24,866	11,017	31,112	31,625	45,037	15,351
2016년 10월	23,486	25,557	25,048	11,081	31,267	31,797	45,186	15,395

18. 신주택보급률

Raw Data 온나라부동산정보통합포털 〉 부동산통계 〉 통계현황 〉 재고/공급 〉 주택보급률 〉
신주택보급률

* 조회기간 : 2014년

지역	가구수(천 가구)	주택수(천 호)	보급률(%)
전국	18,773	19,429	103.5
수도권	9,049	8,887	98.2
지방권	9,724	10,542	108.4
서울특별시	3,682	3,604	97.9
부산광역시	1,298	1,354	104.3
대구광역시	918	953	103.8
인천광역시	1,012	1,021	100.9
광주광역시	570	593	104.1
대전광역시	587	597	101.7
울산광역시	407	445	109.3
경기도	4,356	4,262	97.8
강원도	592	642	108.3
충청북도	611	674	110.3
충청남도	840	956	113.8
전라북도	697	787	112.9
전라남도	697	786	112.7
경상북도	1,068	1,203	112.6
경상남도	1,244	1,338	107.5
제주특별자치도	194	216	111

2017 대한민국 부동산의 미래

상승하는 부동산의 조건

제1판 1쇄 인쇄 | 2017년 2월 1일
제1판 1쇄 발행 | 2017년 2월 7일

지은이 | 한국부동산자산관리연구원
펴낸이 | 고광철
펴낸곳 | 한국경제신문 한경BP
편집주간 | 전준석
책임편집 | 황혜정
외주편집 | 김선희
기획 | 이지혜 · 유능한
저작권 | 백상아
홍보 | 이진화
마케팅 | 배한일 · 김규형
디자인 | 김홍신
본문디자인 | 디자인 현

주소 | 서울특별시 중구 청파로 463
기획출판팀 | 02-3604-553~6
영업마케팅팀 | 02-3604-595, 583 FAX | 02-3604-599
H | http://bp.hankyung.com   E | bp@hankyung.com
T | @hankbp   F | www.facebook.com/hankyungbp
등록 | 제 2-315(1967. 5. 15)

ISBN 978-89-475-4175-6   03320